贵州师范大学附属中学金儒成教师工作室研学

高中地理研学实践案例集

GAOZHONG DILI YANXUE SHIJIAN ANLIJI

金儒成 雷显兵 罗家杨 主编

中央民族大学出版社

图书在版编目（CIP）数据

高中地理研学实践案例集/金儒成，雷显兵，罗家杨主编．—北京：中央民族大学出版社，2023.1（2023.9重印）

ISBN 978-7-5660-2093-2

Ⅰ.①高… Ⅱ.①金… ②雷… ③罗… Ⅲ.①中学地理课—教案（教育）—高中 Ⅳ.①G633.552

中国版本图书馆 CIP 数据核字（2022）第 102398 号

高中地理研学实践案例集

主　　编	金儒成　雷显兵　罗家杨
责任编辑	罗丹阳
封面设计	舒刚卫
出版发行	中央民族大学出版社
	北京市海淀区中关村南大街27号　邮编：100081
	电话：（010）68472815（发行部）　传真：（010）68933757（发行部）
	（010）68932218（总编室）　　　　（010）68932447（办公室）
经 销 者	全国各地新华书店
印 刷 厂	北京建宏印刷有限公司
开　　本	787×1092　1/16　印张：16.5
字　　数	261千字
版　　次	2023年1月第1版　2023年9月第2次印刷
书　　号	ISBN 978-7-5660-2093-2
定　　价	78.00元

版权所有　翻印必究

内容简介

本案例集依据贵州师范大学附属中学金儒成教师工作室开展的地理研学实践活动进行归纳、总结、提炼后汇编而成。研学实践案例共七个，其中贵阳黔灵山（城市山体公园综合研学）、开阳猴耳天坑（典型喀斯特景观研学）、遵义赤水（校际联合研学旅行）、贵阳气象站（参观学习型研学）、贵阳市延安东路商业街（身边的社会调查研学）、花溪高坡苗族乡（民族文化与区域发展研学）6个案例，充分展示了不同主题研学实践开展的三大板块（研学准备、研学过程、研学成果）情况，花溪思雅河精品线路则充分例证了研学线路的设计流程。各案例深度还原了高中地理研学实践全过程，对研学实践组织与开展进行了全方位介绍，对研学成果总结与应用进行了全方位展示。本书可为高中学校师生开展研学实践提供有价值的参考，亦可为高校地理及其相关专业师生提供教学参考与研究素材。

《高中地理研学实践案例集》编委会

顾　　问：

　　陈红生　邓　华　宋　强　张玉玲　王利亚

主　　编：

　　金儒成　雷显兵　罗家杨

副 主 编：

　　张国洋　刘成名　罗　卫　王　敏　敖小龙

编写人员：（按姓氏拼音排序）

　　敖小龙　冯崇玉　贾　敏　金儒成　雷显兵
　　刘成名　罗　卫　罗家杨　王　敏　熊　英
　　徐　亚　杨成琴　杨玉银　张　俊　张　艳
　　张国洋　张琼芳　张毓艳　钟　婷　朱　鑫
　　祝　琳

主　　审：

　　贵州师范大学附属中学学术委员会

序

　　研学是让书本知识从记忆的过程转向发现、研究的实践过程的一种学习活动。而地理学科跨自然科学和人文科学两大领域，与理化生学科相连，与语政史学科相通，独特的学科特点使其成为研究实践活动的主角。地理研学实践基于真实、复杂的地理环境，由教师引导学生考察、探究现实世界的各种现象，分析其形成原因，得出其发展规律，培养学生的意志、行为、能力和面对实际生活与未来的能力。

　　习近平总书记指出：学到的东西，不能停留在书本上，不能只装在脑袋里，而应该落实到行动上，做到知行合一、以知促行、以行求知，正所谓"知者行之始，行者知之成"。《普通高中地理课程标准（2017年版2020年修订）》提出的课程目标要求：学生能够运用所学知识和地理工具，在室内、野外和社会的真实环境下，通过考察、实验、调查等方式获取地理信息，探索和尝试解决实际问题，具备活动策划、实施等行动能力。具体课程内容也有大量的规定，如：通过野外观察或运用视频、图像，识别3~4种地貌，描述其景观的主要特点；通过野外观察或运用视频、图像，识别主要植被，说明其与自然环境的关系；结合实例，说明地域文化在城乡景观上的体现。可以看出，研学实践活动已是作为顶层设计的基础教育改革的重要举措，而地理研学实践正是其主阵地之一。

　　在贵州师范大学附属中学金儒成教师工作室的组织发动下，学校老师们开展了大量的地理研学实践活动。工作室将其中七个研学案例进行了结集出版。这七个案例中，大致可以分为以自然地理为主的学术型研学实践（注重目标导向、过程研究和发展评价），以人文地理为主的参观调查型研学实践（注重参观旅行、团队建设与发展评价），以及自然人文综合研学实践。每一个案例在标题和内容上都进行了高度归纳总结，如"城市山体公园综合研学——贵阳黔灵山""典型喀斯特景观研学——开阳猴耳天坑""民族文化与区域发展研学——花溪高坡苗族乡"等。每一个案例都从"研学准备"方面讲清楚了进行地理研学实践活动需要做好的准备，强调了安全教育在研学活动中的重要位置；都从"研学过程"方面阐述了每一个研学实践活动案例所进行的过程和内容，呈现了学生参与研学实践的过程；都从"研学成果"方面展示了每一个研学实践活动取得的成果，部分研学实践的成果还进行了应用。案例"精品线路设计——花溪思雅河"在此框架下，呈现了一条精品线路的设计过程，更是值得读者作为研学实践参考和使用的。

通过多次研学实践活动，我们明白了研学实践活动案例的确定，需要综合考虑多种因素后进行选择，比如要选择线路环境安全、交通可达性好、基础设施较为完善的区域作为研学实践区域，要选择集群性和地域组合好的研学实践区域，要选择面向学科核心素养、传递社会主义核心价值观、播撒红色思想信念的研学实践区域等等。在研学实践活动中，我们明白了教师要发挥好主导作用，使学生的主体作用得到更好地发挥，真正把学习交给学生，交给每一个研学实践小组。教师应当成为研学实践活动的组织者、参与者、激发者和引导者，"引导"应贯穿于整个研学实践活动实施的全过程。

通过过去三年多次组织高中地理研学实践活动的开展，我们深知研学实践活动开展时的不易和收获时的欣喜。把研学实践内容进行结集出版，以给他人开展研学实践活动时作一个参考，给工作室研学活动做一个阶段性总结，也是一件非常有意义的事情。在学校领导，特别是王丽萍书记和王晓祥校长的大力支持下、在学校各部门和老师们的帮助下、在工作室全体人员的努力下，本书在二〇二〇年秋开始进入撰写阶段，目前已成书。在此衷心感谢各位领导、同事、专家的关心、指导、帮助，使工作室取得一点进步。谢谢！

陈红生

2022.1

目 录

绪 论 ··· 001

1 城市山体公园综合研学 —— 贵阳黔灵山 ·············· 007

1.1 研学准备 ··· 009
  1.1.1 活动方案 ·· 009
  1.1.2 行前培训 ·· 013
  1.1.3 图文资料 ·· 013
  1.1.4 研学线路与考察点预设 ···································· 014

1.2 研学过程 ··· 016
  1.2.1 第一次野外研学考察 ······································· 017
  1.2.2 第二次野外研学考察 ······································· 020

1.3 研学成果 ··· 029
  1.3.1 活动简报 ·· 030
  1.3.2 学生研学报告选编 ·· 033
  1.3.3 各级获奖 ·· 038

2 典型喀斯特景观研学 —— 开阳猴耳天坑 ············· 041

2.1 研学准备 ··· 042
  2.1.1 活动方案 ·· 042
  2.1.2 安全培训 ·· 046
  2.1.3 知识和技能准备 ··· 047
  2.1.4 工具仪器 ·· 049

2.1.5 组织准备 ·· 049
　2.2 研学过程 ··· 049
　　　2.2.1 教师考察过程（第一次研学过程）·················· 049
　　　2.2.2 学生野外研学实践过程（第二次研学过程）······ 050
　2.3 研学成果 ··· 056
　　　2.3.1 活动简报 ·· 056
　　　2.3.2 学生研学考察报告选编 ······························· 065
　　　2.3.3 获奖情况 ·· 081

3 校际联合研学旅行 —— 遵义赤水 　　083

　3.1 研学准备 ··· 084
　　　3.1.1 "红色赤水" 联合研学方案 ·························· 084
　　　3.1.2 组织准备 ·· 087
　　　3.1.3 学生物品准备 ··· 089
　　　3.1.4 行前安全教育 ··· 089
　　　3.1.5 紧急预案 ·· 090
　3.2 研学过程 ··· 091
　　　3.2.1 第一天：研学赤水红色文化 ·························· 091
　　　3.2.2 第二天："悟游" 赤水 ·································· 094
　3.3 研学成果 ··· 102
　　　3.3.1 成果展示 ·· 103
　　　3.3.2 活动简报 ·· 103

4 参观学习型研学 —— 贵阳气象站 　　107

　4.1 研学准备 ··· 108
　　　4.1.1 活动方案 ·· 108
　　　4.1.2 行前培训 ·· 111
　　　4.1.3 教学设计 ·· 111

4.2 研学过程 ·· 116
4.2.1 贵阳东山气象站研学 ·· 116
4.2.2 贵阳气象台研学 ·· 123
4.3 研学成果 ·· 125
4.3.1 活动简报 ·· 125
4.3.2 学生研学报告选编 ·· 127

5 身边的社会调查研学 —— 贵阳市延安东路商业街 ············ 143

5.1 研学准备 ·· 144
5.1.1 活动方案 ·· 145
5.1.2 行前准备 ·· 145
5.1.3 调查问卷及统计表格设计 ··· 148
5.2 研学过程 ·· 151
5.2.1 第一调查小组 ··· 152
5.2.2 第二调查小组 ··· 152
5.2.3 第三调查小组 ··· 153
5.2.4 第四调查小组 ··· 154
5.3 研学成果 ·· 154
5.3.1 调查报告 ·· 155
5.3.2 活动简报 ·· 164
5.3.3 学生研学心得选编 ·· 166

6 民族文化与区域发展研学 —— 花溪高坡苗族乡 ··············· 173

6.1 研学准备 ·· 174
6.1.1 活动方案 ·· 174
6.1.2 背景资料 ·· 179
6.1.3 图件准备 ·· 180
6.1.4 行前培训 ·· 181

6.2 研学过程 ……………………………………………………… 183
　　6.2.1 教师考察过程（第一次研学过程） …………………… 183
　　6.2.2 学生研学实践过程（第二次研学过程） ……………… 184
6.3 研学成果 ……………………………………………………… 189
　　6.3.1 活动简报 ………………………………………………… 189
　　6.3.2 学生研学报告选编 ……………………………………… 197

7 精品线路设计 —— 花溪思雅河 …………………………… 203

7.1 线路选取 ……………………………………………………… 204
7.2 线路调研准备 ………………………………………………… 205
　　7.2.1 活动方案 ………………………………………………… 205
　　7.2.2 基础知识 ………………………………………………… 212
　　7.2.3 图件准备 ………………………………………………… 213
　　7.2.4 考察内容设计 …………………………………………… 214
　　7.2.5 行前培训 ………………………………………………… 214
7.3 线路调研 ……………………………………………………… 215
　　7.3.1 教师前期调研（第一次考察） ………………………… 215
　　7.3.2 学生研学实践（第二次考察） ………………………… 217
　　7.2.3 分水岭标志设置论证（第三次考察） ………………… 222
7.4 精品线路介绍 ………………………………………………… 227
　　7.4.1 线路介绍 ………………………………………………… 228
　　7.4.2 考察点介绍 ……………………………………………… 228
7.5 精品线路研学成果及其应用选编 …………………………… 239
　　7.5.1 学生研学报告选编 ……………………………………… 239
　　7.5.2 考察结果的试题设计应用 ……………………………… 245

主要参考文献 …………………………………………………… 247
后记及致谢 ……………………………………………………… 250

绪　论

地理是一门实践性很强的学科，地理源于观测实践，地理教育重视野外考察、实践调查、模拟实验，强调在真实情境中观察、理解、感悟地理环境及其与人类活动的关系，有利于增强学生对立体世界感知度、时空尺度认知度，提高学以致用、自主探究的能力，充分培育创造精神，进一步塑造让学生终身受益的正确价值观念、必备品格和关键能力。

《普通高中课程方案（2017年版2020年修订）》在"培养目标"这一板块中对于学生的培养目标有如下要求：敢于批判质疑，探索解决问题，勤于动手，善于反思，具有一定的创新精神和实践能力。《普通高中地理课程标准（2017年版2020年修订）》规定高中地理课程的核心素养为人地协调观、综合思维、区域认知、地理实践力四大核心素养，其中地理实践力是指人们在考察、实验和调查等地理实践活动中所具备的意志品质和行动能力。野外考察、社会调查和模拟实验也是地理学的重要研究方法和学习方式。

新的课程标准关注学生核心素养的培养，要实现国民核心素养的形成必须创新学习方式，尤其是高中阶段要积极探索学生课堂外的多种学习途径。研学实践就是在这一背景下获得了充足的发展空间。地理学科的学科特征，使其在组织学生开展野外研学实践过程中具有明显的优势。基于地理核心素养培养下的野外研学实践是本书设计的基本内容，通过带领学生以贵阳为中心的周边野外实践考察，形成较为详细的研学案例，为其他组织研学考察的老师和同学提供参考借鉴。本书整理了七个案例，详细呈现研学方案、研学准备、实施过程和学生总结等过程性材料。

野外研学是一门综合实践课程，是新形势下培养学生核心素养的有效教学途径。它实现了课堂教学的延伸化，在具体的情境中给学生提供学习知识、探索问题和解决问题的方法，是实证主义教学的典范。学生通过野外的研学实践，将课堂知识在野外情境中验证，进而培养学生实践能力和科学精神。

1. 乡土地理与研学实践

本书中的研学活动以贵州省域范围内的地理资源为主要载体，以学生常见的省内自然与人文地理现象为研究对象。这是学校教育和校外教育衔接的创新形式，是教育教学的重要内容，是综合实践育人的有效途径。研学实践是有目的的野外考察，有相应的组织主体，有以教师角色为核心的研学导师。因此，研学实践也是一门完整的课程，是有别于传统室内课堂教学的一种新型教学方式。

2. 研学实践的发展背景

研学课程是综合实践课程的一种新的表现形式，而综合实践课程是我国基础教育改革的重点内容。如何实现学生的"书本世界"和"生活世界"的有机统一，实现理论和实践相统一，从新中国创立之初国家就着力解决这个问题。

1949年12月，教育部在第一次全国教育工作会议上的总结报告中就指出：新中国的教育"是民族的、科学的、大众的教育，其方法是理论与实际一致，其目的是为人民服务"。此次工作会议强调反对书本与实际分离的教条主义，同时防止轻视基本理论学习的狭隘实用主义。

1982年印发的《高级中学辩证唯物主义常识教学大纲（试行草案）》提出"唯物主义常识教学的基本原则是理论联系实际"，联系国内外的基本形势，联系学生的思想实际和学生学习过的自然科学、社会科学知识等。

2010年《教育规划纲要》要求坚持"理论学习和社会实践的统一"，在人才培养模式创新方面要"注重知行合一""开发实践课程和活动课程，增强学生科学实验、生产实习和技能实训的成效"。

2017年12月，教育部办公厅印发《关于公布第一批全国中小学生研学实践教育基地、营地名单的通知》，对研学旅行基地、营地的性质、功能有明确的示范意义。

在更加注意知行合一的教育政策背景下，研学成为基础教育界的热点话题，研学活动正在全国中小学如火如荼地开展。众多部门机构、社会组织、企业公司都开展了多种多样的研学活动，各地中小学也依托自身和社会力量组织各种研学实践。但研学实践课程的实施主要是学校或地理教师个人的课程组织行为，缺乏统一的课程操作规范，更没有具有可操作性的课程评价机制。

3.高中野外研学实践的意义

（1）培养学生核心素养的重要途径。野外研学与地理核心素养的培育相互交织形成合力，地理实践力为野外研学的开展提供了坚实的素养基础，而野外研学为地理实践力核心素养的培育提供了有利的实施途径。因此，在实际教学中，教师应注重将教学延伸到课外，更新教学方式，利用野外研学等校外实践课程，将知识传授、能力培养、情感陶冶、思维拓展等与具体情境有机结合，充分利用社区文化、职业体验、社会实践等，提高学生知识迁移水平和地理实践力。

（2）有利于实现立德树人的教育目标。通过以乡土地理为载体的研学设计和实践，将地理研学作为地理教学新的手段，一方面促进了教学方式的革新，另一方面落实了立德树人的要求。研学作为一种特殊的教学形式有利于地理教师发挥地理学科的特点，有利于学生在旅游情境下学习地理知识、掌握地理技能。它是深化基础教育改革的手段，也是落实地理核心素养的重要方式之一。它能促进校内外学习资源的有机融合，真正做到课堂与生活融为一体。

（3）有利于培养学生的家国情怀。通过乡土地理研学实践，让学生走出教室，探究家乡实际的地理景观，思考地理现象的形成原因和发展特征，形成对家乡的正确区域认知，培养学生了解家乡、热爱家乡、建设家乡的家国情怀。

4.研学考察常用地理信息技术简介

随着卫星技术的发展应用以及互联网技术的普及，地理信息技术逐渐走入大众视野，并渗透到生产生活中的各个方面，同时也成为了人们生产、生活、学习、工作中非常重要的助手。在《普通高中地理课程标准（2017年版2020年修订）》中共有23处提到了"地理信息技术"，必修1、必修2和选修中的部分内容都对地理信息技术的学习和使用做出了明确的要求，同时在课标的实施建议中也提倡地理教学中要深化信息技术的应用。

地理信息技术除了应用在日常课堂教学中，在野外研学考察中其价值的体现更为凸显。野外研学考察是培养学生地理学科核心素养的重要手段和途径，也是地理教学的重要方式之一。在进行野外研学考察时，需要携带一定数量的纸质资料，如考察地卫星遥感影像图、水文地质图、等高线图等，以及一些必要的地理信息采集设备，如罗盘、GPS定位仪等。这些资料和设备存在两者结合定位不准确、地理数据类型多样，整合分析较难、后续数据处理工作量大等问题。在互联网及智能移动终端已经普及的大背景下，构建与时俱进的地理野外研学考察新模式具有十分重要的实践价值。

以地理信息技术为支撑，以智能移动终端设备及其搭载的APP为工具，建设共享开放式的地理野外研学考察新模式，可以满足师生对于野外研学安全和考察方面的需求。其中智能移动终端设备主要包括具有通信入网功能的智能手机、便携式电脑等，APP软件主要包括通信类APP、地图类APP、定位导航服务APP、记录考察路线及地理数据的APP、测量岩层产状的APP、识别植被的APP、发布野外研学考察记录的APP等可以完成地理野外研学考察工作中关于数据的采集、记录、管理、发布、使用等的各种APP。下面就地理野外研学考察中几种常用的基于地理信息技术的手机APP软件进行简要介绍。

（1）通信类APP。通信类APP在野外研学考察中的作用主要体现在：①便于考察前相关通知的传达；②便于考察时联系与沟通，让教师能够实时了解学生所在位置及状态，保障学生野外研学考察安全；③便于各研学小组成立小组讨论群，可以及时将研学过程中的相关数据及资料进行共享，同时也便于考察后的讨论和分析。常用的通信类APP有微信、腾讯QQ、钉钉等。

（2）地图类APP。地图是野外研学考察中必不可少的一项资料，我们获取考察相关地图资料的手段和途径是多种多样的，获取一般地图数据最主要的方式是从互联网上搜集下载。目前智能移动终端上的地图类APP主要有百度地图、高德地图、腾讯地图、户外助手、奥维地图等，其各自主要功能对比如表0-1所示。地图类APP在野外研学考察中的作用主要体现在：①提供定位、导航、路线查询等基本功能；②提供基于地理位置的相关生活场景拓展功能，如公交地铁、食宿、旅游景点等；③提供卫星遥感图、地形图、等高线图等相关数据源及其他地理辅助功能，如指南针、经纬度数据、海拔等。

表 0-1　手机 APP 地图数据对比

地图 APP	矢量	卫星影像	地形	街景	三维地图
百度地图	√	√	×	√	√
高德地图	√	√	×	×	×
腾讯地图	√	√	×	√	√
户外助手	√	√	√	√	×
奥维地图	√	√	√	×	√

（3）记录考察路线及地理数据的 APP。"两步路"（户外助手）是一款专业的户外旅行 APP，其功能包括户外地图、组队、导航、轨迹记录等，并提供丰富的地形图、等高线图等地图数据，同时还提供查询经纬度、海拔、指南针、实时添加文字及音像、记录考察路线等功能，在地理野外研学考察中能起到很好的辅助作用。在考察前，可以利用户外助手规划路线，查询离线地图，制作考察方案。在考察中可以利用户外助手记录轨迹，并通过添加标注点，用文字、图片、语音、视频等方式记录该点的植被、岩层、地质地貌、水文等相关信息。考察后，可以利用户外助手生成考察轨迹，并可将轨迹导出至相关软件进行编辑（见图 0-1），整理研学考察过程中记录的考察数据，及时备份到云端，便于随时查看和分享。

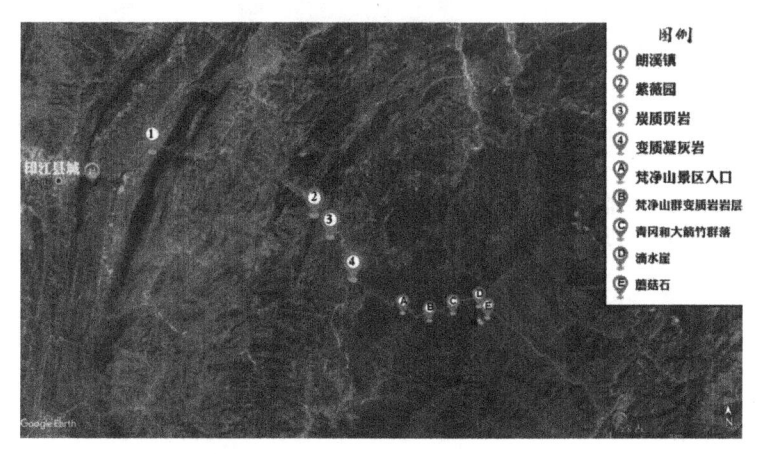

图 0-1　梵净山考察后形成的户外助手考察轨迹示意图

（4）其他APP。野外研学考察中经常涉及测量岩层产状，传统方式是利用罗盘进行测量，但对于没有接触过罗盘的高中学生来说使用罗盘是较为困难的，微信小程序上有一款名为"智能地质罗盘"的小程序，操作简单易上手，只需将手机贴在岩层上，即可读取岩层走向、倾向、倾角等信息，且不需携带罗盘，更为方便。野外考察中会看到各类植被，打开"形色"这个手机APP，将手机摄像头对准要查询的植被进行拍照，即可获取对应植被的名称、价值、生长习性、文化等相关信息，有利于加深对各类植被的了解和认识，同时通过该植被的生长习性可以拓展分析当地自然环境对该植被分布的影响及该植被对当地自然环境的作用，体现自然地理环境整体性。在野外研学考察结束后，可以通过"微博""美篇"等APP将考察过程以图文的形式记录下来，便于及时同家人、朋友、同学分享，同时也可以提高自身的文字表达能力。相关APP情况的举例如图0-2所示。

图0-2　智能地质罗盘（左图）、利用形色APP识别植被（中图）、利用美篇制作并分享野外研学考察内容（右图）

1 城市山体公园综合研学
——贵阳黔灵山

地理学科的实践性，决定了野外考察是促进地理认知过程螺旋式发展的关键。《普通高中地理课程标准（2017年版2020年修订）》要求创新学习方式，在自然的真实情境中开展地理实践，充分发展学生在野外考察等地理实践活动中必备的意志品质和行动能力。野外考察是培养地理实践力的重要途径。

黔灵山公园，位于贵阳中心城区西北，是贵阳第一环城林带的关键节点。黔灵山自然地理环境特殊，由坡度、坡向、岩性、人类活动等因素引起的土壤、植被等自然地理要素的特征在小尺度上存在明显的空间差异，前期研究较多、文献资料丰富。作为开发成熟的城市山体公园，黔灵山游览路线四通八达，公园内有民警和公园管理处工作人员巡逻管理，治安良好，基础设施完善；距离贵州师大附中、贵阳一中等学校较近，交通便捷，是带领学生开展城市山体公园综合研学的理想之地（见图1-1）。

图1-1　黔灵山公园的地理位置示意

为切实开展地理野外研学活动，培养学生的探索实践能力和创新研究精神，引导学生认识家乡、厚植家国情怀，经过前期分析研究，根据地理研学实施情况和学生学习需求，工作室决定分两次带领学生到黔灵山进行野外研学，针对黔灵山的地形、地貌、水文、土壤、岩石、生物等自然地理要素，以及旅游开发与环境保护等方面进行综合考察、案例分析，在地理实践研究中活化学生的必备知识与关键能力，强化学科素养与核心价值，深化人文情怀与理性思维。

1.1 研学准备

野外研学考察活动的开展，需要制定研学方案，做好背景资料、图件、物资等准备，确定参与考察人员及人员分工，做好安全教育和预案，给参加的学生进行行前培训，我们统称为研学准备。做好研学准备，预测各种风险，利于研学活动的有序开展，减少突发事件的发生，更好地完成整个野外研学考察活动，达到地理研学预期目的。

1.1.1 活动方案

活动方案是为某一次活动所制定的比较完备的书面计划，含具体行动实施办法细则、步骤等。活动方案是开展活动的必要前提，是活动的蓝图，包括活动目的、活动准备、活动内容、经费预算、注意事项等内容。贵阳市黔灵山野外研学考察分两次进行，带队教师与专家对该考察点十分熟悉，因此没有进行前期教师考察，两次都是直接带领学生进行研学考察。

一、考察目的和意义

为培养学生地理学习兴趣，提高学生地理实践力，特组织一系列的黔灵山地理研学，引导学生走出校园，在与日常学习不同的考察活动中拓宽视野、丰富知识，学会把书本知识与生活实际相联系，增强与自然、与社会文化的亲近感，强化对集体生活方式和社会公共道德的体验。同时，指导学生在野外考察学习中，积极参与考察学习，学会使用各种工具获取野外地理信息、观察发现并获取证据、分析论证地理问题，培养欣赏自然、热爱家乡的人文情怀。

二、黔灵山背景介绍

黔灵山（26.6°N，106.7°E），以断裂构造、流水侵蚀作用造就的地质地貌景观为主，以明山、秀水、幽林、古寺、圣泉、灵猴而闻名。位于云贵高原之上，海拔约1300米，号称"黔南第一山"，在贵阳市中心区西北，老贵阳城因位于黔灵诸山的贵山之南，故名贵阳。随着城区面积扩张，黔灵山已然成为贵阳城区内部的重要绿地。

自然景观是一个相互渗透、相互联系、相互制约的整体。"气""地"是自然地理环境的基础要素，决定着区域自然环境特征；"水""土""生"是自然地理环境的表现要素，反映了该区的地理特征。黔灵山的土壤、植被、水文受地带性的气候因素和非地带性的地质地貌因素共同作用，在条件较均一的大气候背景下，主要的影响因素是地质构造控制下的岩性和地貌。早更新世末（距今2.43Ma～0.73Ma）以来贵州地壳"大面积、大幅度间歇性、西部强于东部"地掀斜状隆升，水动力发生强烈的变化，产生了岩溶向深发育和不均匀发育作用，形成以正地形为主的侵蚀、溶蚀地貌特征：地形崎岖不平，石牙嶙峋，土壤零星贫瘠，植被稀少。而黔灵山就是该类地貌的典型表现。

黔灵山的山体主要部位为北北东向黔灵山背斜，东部为贵阳向斜，西部为黔灵湖向斜。黔灵山背斜上断裂发育，北东——南西向压扭性断层及北北东向、北西向、近南北向张性、张扭性断层，纵横交错。在断层切穿地带，可见断层角砾岩、摩擦面、擦痕及岩层的变形。黔灵山地形起伏，相对高差约200米，山体有白象岭、贵山、大罗岭、象王山等，其最高峰大罗岭海拔为1396米。地势高的诸峰以背斜为基础，白象岭、象王岭一列，东西两侧断层，形成陡峭的断块山。山岭连绵、谷地相间其间，以浅切割的低山为主。

黔灵山年均温15.6℃，最冷月均温5.0℃，最热月均温24.6℃，10℃以上年积温4600℃，年降雨量1200mm，相对湿度80%，属典型的中亚热带湿润季风气候，兼具高原特点。区内水系以大罗岭为界，分为黔灵湖水系和七星潭水系，地势低处为不透水的砂页岩，湖泉发育，受岩溶地貌影响地下水分布复杂。地带性黄壤和岩性土（如石灰土、紫色土），大致为南北向延伸、东西向排列的带状分布。植被以次生常绿阔叶林为主，地势较高的岩溶地区，植物多具落叶、矮生、多刺等特征，存在较多的喜钙植物，总体来看土壤类型多样、植被类型丰富。良好的生态环境也使这里成为大量野生猕猴的理想家园（见图1-2）。

黔灵山的开发较晚，清康熙年间，赤松和尚在此创建弘福寺，将其命名为黔灵山后，这座万山丛中的独秀灵山才令人瞩目。现在，黔灵山凭借其良好的山地自然景观和人文景观，优越的地理位置和便捷的交通，集自然风光、文物古迹、民俗风情和娱乐休闲为一体，成为贵阳最具代表性的综合性城市公园，有"贵在城中，美在自然"之称。

图1-2　黔灵山公园之黔灵湖（左图）和野生猕猴（右图）

三、活动时间

◆第一次黔灵山地理研学：2019年5月18日（星期六）
◆第二次黔灵山地理研学：2019年6月23日（星期日）

四、出发前准备

（一）第一次黔灵山地理研学活动人员

教师：陈红生，金儒成，雷显兵，敖小龙，王敏，杨成琴

学生：分为两组

第一组：唐嘉怡，陈姝瑞，杨慧琳，李林琴，丁戬戬，刘汉贵，唐冰洁

第二组：陈曼莎，谭雨嫚，汤宇航，莫峻杰，安姝杰

（二）第二次黔灵山地理研学活动人员

老师：金儒成，雷显兵，王敏，刘成名，敖小龙，杨成琴

学生：贵师大附中和贵阳一中多名学生

（三）路线

黔灵山位于贵阳市云岩区枣山路117号，贵阳市区乘1、2、10、12、13、16、23、25、30、53、41、311路公交车，或者61、62路中巴车可达。贵州师大附中龙洞堡校区学生可在"经典天成"正大门乘坐229路公交车，贵阳一中学生可在贵阳一中南公交站乘坐229路公交车，在北京路站下车，步行到黔灵山公园门口。

（四）注意事项

（1）学生自行准备车费、门票费及相应零花钱；

（2）参与人员保证身体健康，不得隐瞒重大疾病；

（3）参与人员中途不得无故离开；

（4）严格执行安全规定，必须遵守纪律，听从老师的安排。学生进入园区之后到离开园区之前安全由学校负责，其他时间学校概不负责；

（5）出发前应休息好，保持充沛精力。如有身体不适，应立即报告老师。

（6）研学过程中需要用到的相关材料，如老师已经准备好罗盘、化学试剂、地质锤等，学生尽量少带贵重物品。

五、活动内容

根据野外研学需求和学生学习情况，拟定黔灵山地理研学内容如表1-1（由于两次考察路线一致，故全部设计在一张表内）。

表 1-1　黔灵山地理研学活动安排

时间/地点	活动内容
5月17日（6月22日）17：00 （附中新校区、贵阳一中）	专题讲座：1. 怎样开展研学旅行——以黔灵山为例 2. 研学内容及注意事项
5月18日（6月23日）8：30 （黔灵山公园南大门）	1. 集合购票 2. 再次讲解注意事项
5月18日（6月23日） 8：30～11：30 （黔灵山公园）	1. 考察杨柳井，区分"泉"与"井" 2. 认识褶皱和断层 3. 认识石灰岩与白云岩，区别两种的理化性质 4. 攀登贵山，了解贵阳名称的由来，野外判别方位
报告上交时间待定	学生总结交流，深化相关研学活动，撰写研学报告

六、经费预算

含专题培训费、误餐费等。具体预算略。

贵州师范大学附属中学金儒成教师工作室
2019年3月23日

1.1.2 行前培训

为了强化学生的安全意识、纪律意识学习意识和实践意识，确保野外研学考察活动高效开展，在野外考察行前理论课上，陈红生校长就本次野外研学考察活动内容、注意事项等给学生们做了详细交代，系统地讲解了本次野外考察的目的与意义，让学生运用理论知识与考察实践相结合的方法，在野外实际中进行学习与应用。

1.1.3 图文资料

为完成对黔灵山的野外研学考察，考察前，通过联系贵州师范大学地理与环境科学学院部分专家、网上查找等，我们获取了黔灵山的地形简图、水文地质简图、游览线路简图等图件资料；通过网上查阅等方式，我们获取了黔灵山的发展背景资料。

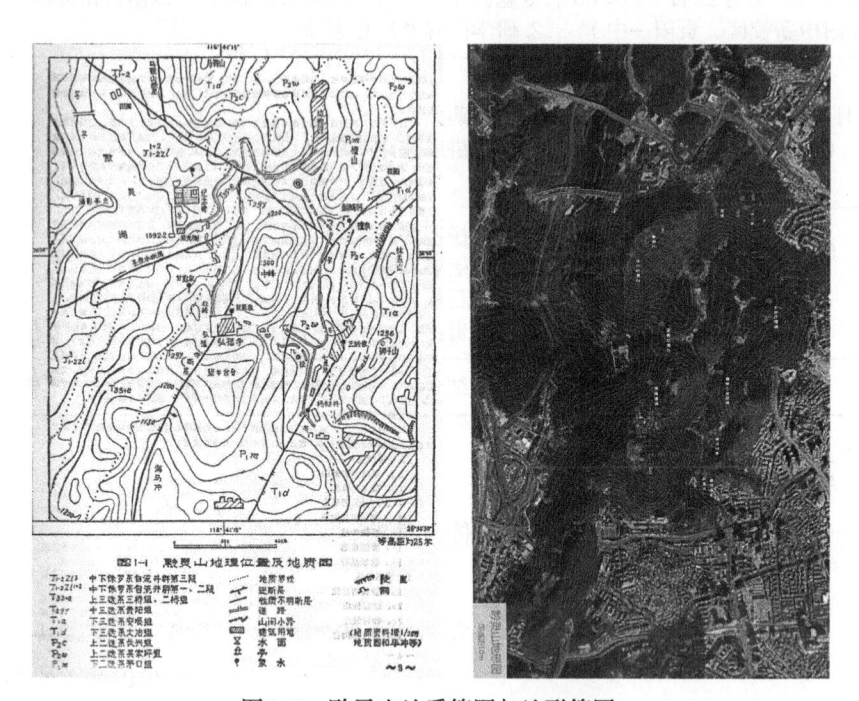

图1-3　黔灵山地质简图与地形简图

1.1.4 研学线路与考察点预设

通过考察黔灵山自然地理环境，学生能够学会定位定向，将课本中学习的断层、褶皱等地质构造与真实地理环境建立链接，会辨别泉和井、石灰岩和白云岩，区分坡向、理解带"阴"和"阳"字的地名由来，学会在野外辨别土壤类型、植被类型等。基于上述野外研学考察目标，我们确定考察点、设计考察路线见图1-4。

考察点
起点：介绍考察要求、考察区域环境背景。
1. 白象泉，处于碳酸盐岩和砂页岩的接触带上，隔水的砂页岩对从碳酸盐岩渗透出的地下水的阻挡，以致地下水沿断层线流出，形成泉水。井是含水层比地表低，人工挖开地表利用气压差使地下水出露。
2. 褶皱构造，此处的岩石为下三叠系大冶组，一亿多年前开始沉积形成的灰色薄层灰岩。近乎水平的沉积物固结成岩，形成具有水平层理的岩层，地壳抬升，受内力作用挤压形成褶皱。黔灵山地质构造复杂，褶皱紧密、断裂纵横，此处的微型褶皱是有力证据之一。
3. 马尾松群落、酸性黄壤，从种类组成、数量、外貌、结构等特征认识植物群落；整修划分土壤剖面，从厚度、土体分异、质地、颜色、酸碱反应等进行特征描述。
4. 关刀岩，陡崖景观沿大型节理裂隙面发育而成，因岩性差异，崖壁上多见顺层凹凸和竖向流水蚀痕及孔洞。讲解罗盘测量产状，碳酸盐-盐酸反应实验辨识石灰岩。
5. 贵山顶，我国自古就有"山阴北、水阴南"之说，老贵阳城区位于贵山之南而得名贵阳。
6. 大罗岭，整体感知黔灵山地形地貌：①以浅切割的低山丘陵为主，山岭连绵、谷地相间；②地势起伏较大，海拔在1100米-1396米之间，地形各有起伏，相对高差较大，约200米左右；③喀斯特地貌发育，山岭表面强烈溶蚀，石沟石芽发育；因碳酸盐岩抗常态侵蚀能力，沟谷发育不明显，山岭两侧为平滑、陡峭的"猪背脊"。大罗岭是典型的分水岭，黔灵山水系在此分为七星潭水系和黔灵湖水系，黔灵湖为市西河上游水库，沿向斜谷地发育出次成河，两岸为侏罗系砂页岩，受切割形成坡度陡峭的峡谷地形，河床比降大，利于筑坝蓄水。
7. 白云岩，呈肉白色、性脆，多刀砍状溶沟，硬度大，但用铁器易划出擦痕。外貌与石灰岩相似，碳酸盐-盐酸反应实验，遇稀盐酸缓慢起泡或不起泡。

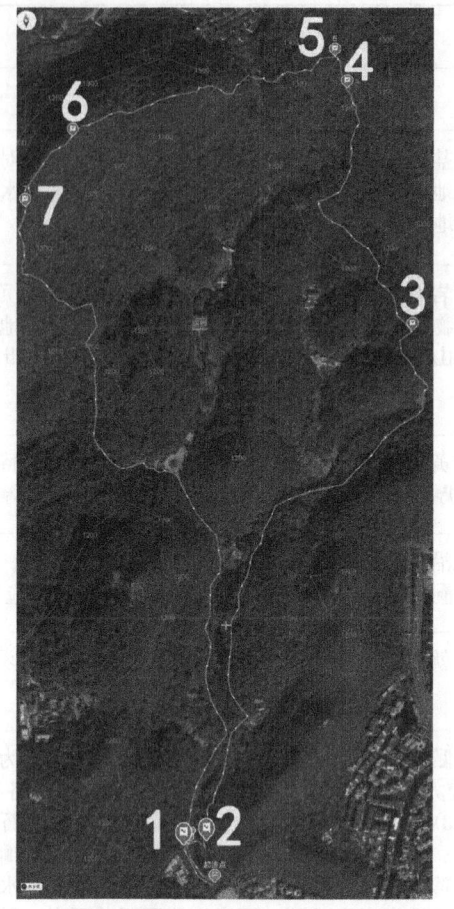

图1-4　黔灵山野外研学考察路线及考察点示意

1.2 研学过程

在每次活动开展前先进行野外安全教育，并将参加考察活动的同学分组，每组有一位指导教师负责安全工作，在出发前购买意外保险。在每次进行野外考察前先请辅导教师对地貌、地形、水文、土壤、植物等相关知识进行讲解，使同学们有一定的知识储备，并做好活动方案，确定好考察研究点和考察路线。同时教会同学们使用地质罗盘、地质锤，以及植物野外调查的方法等技能。在野外考察前先准备好地质罗盘、地质锤、游标卡尺、皮尺、钢尺、记录纸、pH试纸、稀盐酸等考察用品。

1.2.1 第一次野外研学考察

2019年5月18日星期六，贵州师大附中金儒成教师工作室中的四位老师和贵阳一中的一位老师带领十三位贵州师大附中的高一学生，参加了"金儒成教师工作室黔灵山地理野外研学"活动，出发前大家各自了解此次研学（尤其是出野外）应注意的事项，8:30准时到达黔灵山公园南门广场集合开展地理研学活动。

◆ **考察点1：白象泉**

"白象泉"又叫"杨柳井"，"泉"和"井"如何区分？从概念上来讲，"泉"是指含水层或含水通道与地面相交处产生地下水涌出地表的现象。多分布于山谷和山麓，是地下水的一种重要排泄方式，是指地下水的天然露头；"井"是一种用来从地表下取水的装置。白象泉是地下水的天然露头，泉水外流，应为"泉"。

图1-5 观察白象泉（左图）、陈红生校长图解白象泉成因（右图）

黔灵山上部主要为石灰岩和白云岩，下部为页岩。上部岩石裂隙多，地表水易下渗，而底部页岩不透水，地下水出露形成泉。

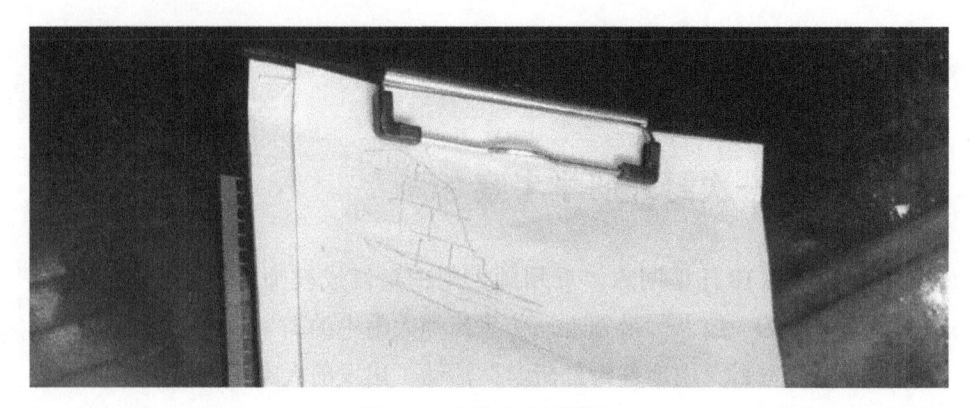

图1-6　白象泉成因图解

◆**考察点2：背斜构造**

在白象泉东侧，有一背斜出露。其形成过程首先是地表物质被搬运到低处沉积下来，形成一层一层的沉积岩，后在地壳抬升的过程中遭受内力挤压，发生弯曲变形，形成褶皱。在地壳抬升、外力作用等的共同影响下，该背斜出露地表。

图1-7　陈红生校长指导学生绘制背斜构造

◆**考察点3：测定土壤pH**

在该考察点，首先组织学生对植被群落的特征进行了学习，然后根据所学知识识别该地的植被群落。根据贵阳的气候特点，当地的自然带为亚热带常绿阔叶林带。为何该处却以针叶林为主呢？原来此处植被曾经遭到破坏，在进行植被恢复的过程中，针叶树种喜光易活，再加上上世纪八十年代贵阳的飞播造林以马尾松为主，使得该处乔木中马尾松居多。在冠层之下可见大量阔叶树种生长，随着群落的演替，在没有人类干预的情况下，最终该处也能演替成常绿阔叶林。林间灌木多见油茶，草本可见铁芒萁等。

该处土壤为黄壤，采取样本后用中性矿泉水稀释测得pH值在5.5—6.5之间。

图1-8　野外观察植物群落（左图）、野外测定土壤pH值（右图）

◆**考察点4：关刀岩**

关刀岩因形状像横着的大刀而得名，在该考察点我们首先用罗盘测定了方位，观察了地质构造——向斜，用罗盘测得岩层走向为南北走向，量得岩层的倾角约为45°。

在该考察点我们用稀盐酸对石灰岩进行滴试，观察气泡产生的数量和速度，从颜色、延展性、易碎性、硬度、味道、对稀盐酸的反应等理化性质角度观察石灰岩。

图1-9　用罗盘测量岩石产状（左图）、观察和描述关刀岩形态特征（右图）

◆ **考察点5：贵山顶**

在我们登顶的路上观察到水平岩层。贵山又名"贵人峰"，北半球山体南坡获得太阳辐射较多，为阳坡。古贵阳城位于该山之南，"贵阳"之名因此而来。

◆ **考察点6：马鞍山顶**

马鞍山顾名思义山似"马鞍"，该山北坡降水汇入小关水库，南坡降水汇入七星潭，以大罗岭为分水岭。站在马鞍山顶，面朝弘福寺，两侧岩层向中部倾斜，为背斜构造。背斜顶部岩层受张裂作用，再加上岩性为较软的泥岩等，抗侵蚀能力弱，形成谷地。而抗侵蚀能力较强的石灰岩部分保留了下来，状似丘陵，如中锋、望乡台等，大体呈南北走向。在大罗岭西部的黔灵湖为向斜构造，由于时间关系，此次不做考察。

在马鞍山山脊上，有白云岩和石灰岩的过渡区出露，该处上部为石灰岩，下部为白云岩。我们用稀盐酸滴试，可观察到白云岩气泡较少甚至没有，而石灰岩气泡较多。

图1-10 对白云岩进行盐酸滴定实验

1.2.2 第二次野外研学考察

2019年6月23日，由贵州师大附中金儒成教师工作室组织的黔灵山地理野外考察活动顺利开展。早上8：30，野外研学考察人员到达黔灵山公园南门，参与人数较多，有工作室的陈红生、雷显兵、敖小龙等多位老师和贵阳一中的王敏老师，以及贵师大附中和贵阳一中的多名学生。首先，陈红生校长系统的讲解了本次野外考察的目的与意义，引导学生回顾野外观察的基本方法和基本工具的使用。老师将事先准备好的工具、资料分发给学生，并再次对大家进行了安全教育。

图1-11 黔灵山野外研学考察全体人员合影

◆ **考察点1：微型背斜**

背斜是褶曲的基本形式之一，多是岩层在构造运动下受到水平挤压，岩层的水平距离缩短而形成的。背斜是岩层向上突出的弯曲，其核部是老岩层，两翼是新岩层，该背斜构造组成岩石为石灰岩。该区属于扬子地块的一部分，晚震旦世海侵后，造成的浅海相碳酸盐沉积盖层，该背斜岩层为早三叠世，距今2.4～2.5亿年，其原始的产状大都是水平或近于水平的。后由于印支运动、燕山运动、喜马拉雅运动等多次地壳运动，本区经历了抬升褶皱、隆起等内力作用，伴随外力地质作用，塑造形成了今天的贵阳地表形态。该处背斜是向我们诉说沧海桑田的变迁。

图1-12 微型背斜景观（左图）、雷显兵老师讲解沉积岩的形成（右图）

◆考察点2：白象泉

"白象泉"又叫"杨柳井"，"泉"和"井"如何区分？

从概念上来讲，"泉"是指含水层或含水通道与地面相交处产生地下水涌出地表的现象，多分布于山谷和山麓，是地下水的一种重要排泄方式，是地下水的天然露头；"井"是一种用来从地表下取水的装置。白象泉是地下水的天然露头，泉水外流，应为"泉"。黔灵山上部主要为石灰岩和白云岩，下部为页岩。上部岩石裂隙多，地表水易下渗，而底部页岩不透水，地下水出露形成泉。

图1-13 讲解"泉""井"的区别

◆考察点3：马尾松群落

该处海拔1180米左右，年均温为15.6℃，最冷月（1月）均温5.0℃，最热月（7月）均温24.6℃，$\geq$10℃，年积温4600℃，年降雨量1200 mm，相对湿度80%左右,属于典型的中亚热带湿润季风气候。由于气候温暖,水分条件良好,因而植被种类繁多。

观察点群落为马尾松—油茶—黑足鳞毛蕨群落,马尾松为阳性树种,喜光、喜温,喜微酸性土壤,怕水涝。油茶喜温暖,怕寒冷,要求水分充足,年降水量一般在1000毫米以上,一般适宜土层深厚的酸性土。黑足鳞毛蕨多于林下生长。该群落为次生生态群落,此处植被曾经遭到破坏,在进行植被恢复的过程中,针叶树种喜光易活,再加上80年代贵阳的飞播造林以马尾松为主,使得该处乔木中马尾松居多。在冠层之下可见大量阔叶树种生长,随着群落的演替,在没有人类干预的情况下,最终该处也能演替成常绿阔叶林。

图1-14 师生观察马尾松群落结构特征

◆**考察点4:贵山南麓土壤观察**

首先,老师较系统地介绍了黔灵山地区土壤的总体特征。生物、气候、地形、母质,成土时间和人类活动作为重要的六大成土要素,深刻影响了土壤的形成。在黔灵山,母质和地形条件(坡向、坡度、坡位)是土壤形成与分布的主要影响因素。受岩性影响,黔灵湖畔的侏罗系上自流井群紫红色泥岩夹砂岩上发育了紫色土,石灰岩陡坡发育了灰黑色石灰土,而在坡麓、谷地则发育地带性黄壤,不同类型的土壤酸碱度有所差异。受坡度影响,土壤因重力向下坡滑动，不同坡度、坡位的土壤厚度差异明显，而土壤厚度直观地反映土壤发育情况；同时，受坡向、坡度影响，土壤含水量差异较大，对植被生长影响较大。

在考察过程中，教师指导学生选择观察点、开挖土壤剖面，适时对学生进行指导，注意观测点周围的植被类型、植被覆盖程度、土壤类型、土壤发育程度、地面的风化类型和程度等，引导学生重点对土壤剖面进行观察、描述、记录，提供必要的知识讲解、方法指导和答疑解惑；正确采集土壤样本，做好编号并如实记录采集点的位置、地表覆盖等信息，如表1-2。

表1-2　黔灵山地理研学土壤观察记录表

考察地_____　考察时间_____　天气状况_____　记录人_____

观察点	位置	地形、植被	土壤剖面特征	土壤剖面照片	手绘土壤剖面分层图
1					
点间记录					
2					
点间记录					

选择土壤剖面：土壤剖面是指从地面向下挖掘后露出来的垂直剖面。可选择天然剖面稍加修正，也可选择具有代表性的地点按实际需要挖掘土坑。挖出的土壤按层分别放置，挖好土坑后，把向阳的坑壁垂直削平，自上而下划分为：A层，枯枝落叶层、腐殖质层、淋溶层；B层，从A层下淋物质所形成的淀积层；C层，母质层；R层，基岩层。观察剖面，并按层次观察并做好记录，尤其关注A层土壤厚度。

图1-15 土壤剖面观察

土壤性质可从颜色、质地、松散度、结构、根系与孔隙状况等角度进行观察、判定，如表1-3。

取样与回填：观察结束后，指导学生按照先心土、再表土的顺序回填土壤，尽量减小对自然环境的干扰。

经观察，贵山南麓"马尾松 — 油茶 — 黑足鳞毛蕨群落"下的土壤颜色发黄，表层发黑，富含腐殖质，质地黏重。取土样测酸碱度，pH值为6左右，为酸性土（判定方法如表1-4）。

表 1-3 土壤性质观察及判定方法一览

土壤性质	观察与判定方法
土壤颜色	土壤最重要的外部特征之一，观察土壤颜色自上而下有无变化，解释变化的原因
土壤质地	土壤质地指土壤颗粒的粗细状况，即砂砾、粉粒和黏粒等级所占质量分数。直接用手捻摸，感受土壤矿物质颗粒的大小，或加水搅拌后用手搓土条，对比找出最容易搓成土条的土壤

(续表)

土壤性质	观察与判定方法
土壤松散度	很坚实、坚实、紧实、疏松、松散
土壤结构	指土壤颗粒在自然状态下的胶结情况，或孤立存在，或者相互黏结在一起形成形状和大小不同的团聚体。判断方法为将原状土壤拿到1m高度，自由下落，根据破碎行层的团聚体形态，判断所属类型：团粒状、块状、核状、片状、单粒等结构
土壤根系	植物根系的种类、多少和在土层中的分布状况
孔隙状况	孔隙大小、多少，可用"多大孔隙""有少量细小孔隙"等语言描述

表1-4　土壤酸碱度对照

土壤	强酸性土	酸性土	中性土	碱性土	强碱性土
PH	<4.5	4.6~6.5	6.6~7.5	7.6~8.5	>8.5

图1-16　修整土壤剖面（左图）、研学小组测定土壤pH值（右图）

◆考察点4：关刀岩

在该处指导学生使用罗盘测量岩石产状，用罗盘测得岩层走向为南北走向，量得岩层的倾角约为45°。除此之外，也可以使用微信小程序"智能地质罗盘"进行测量。

岩石产状可用走向、倾向和倾角三要素表示，使用罗盘测量产状的操作讲解整理如下：

测量岩层走向：可选择一代表性的面（与构造带的方向大致相同），将罗盘长边（即侧边）平行于走向线并紧贴于面上，并使罗盘水平，此时南针两端的指数都为走向方位角。

测量倾向：将罗盘反光镜边紧贴于待测面上；保持罗盘底座水平；此时罗盘磁北针指数是待测面倾向。

测量倾角：将罗盘长边平行于真倾斜线（即倾角最大方向）并紧贴于待测面上，保持罗盘直立，转动长水准使水泡居中，此时倾斜刻度盘上的读数即为倾角。

同时，还在此处进行了碳酸盐-盐酸反应实验。具体操作是：用地质锤敲出岩石新鲜面，选择不同新鲜面滴等量稀盐酸进行反应测试，观察气泡产生的数量和速度，以此区别岩石。观察发现，此处灰白色岩石，气泡较多且产生速度较快，为石灰岩；在石灰岩裂隙间的白色条纹处，气泡产生数量最多、速度最快，说明其碳酸钙含量最多，为方解石脉。方解石脉形成为含有大量$CaCO_3$的地下水在石灰岩裂隙中因压强变小、溶解度降低而重结晶，形成极纯净的白色方解石脉。

图1-17 老师指导学生使用罗盘测量岩石产状

◆ **考察点5：贵山顶**

贵山又名贵人峰，北半球山体南坡获得太阳辐射较多，为阳坡。该山南面即为古贵阳城，贵阳之名因此而来。

图1-18 陈红生校长讲解"贵阳"的由来

◆ **考察点6：马鞍山顶**

马鞍山，顾名思义山似马鞍，在此俯瞰黔灵山，地形以浅切割的低山丘陵为主，山谷相间。

在地质构造上，黔灵山位于贵阳向斜盆地的西北边缘，其山的主体部分是以下二叠统茅口组灰岩为核心的背斜构造。背斜由北向南延伸至头桥附近。该背斜的西部为黔灵湖，是一向斜构造，称为都拉营向斜，岩层主要为侏罗系自流井群的砂岩、泥岩或页岩。黔灵山背斜的东南部亦为向斜构造，即贵阳向斜。贵阳市就在这一向斜盆地中。

除了地质构造，岩石的抗侵蚀能力也是影响地表形态的重要因素。碳酸盐岩和非碳酸盐岩地貌在形成机制、作用过程、发展方向上不同，在形态、坡度、切割密度等方面出现明显差异。

站在马鞍山顶，面朝弘福寺，两侧岩层向中部倾斜，为背斜构造，背斜顶部岩层受张裂作用，有不同方向的断层发育其间，但再加上岩性为较软的泥岩等，抗侵蚀能力弱，谷地以常态侵蚀地貌为主，物理风化、流水侵蚀作用显著，陡坡外动力作用强烈、重力作用强，沟谷系统发育，脉络分明。

抗侵蚀能力较强的碳酸盐岩部分保留了下来，状似丘陵，如中锋、望乡台等，大体呈南北走向。抗常态侵蚀能力强，形成高丘、山地，如马鞍山、中峰相对高度在200米以上。表层碳酸盐岩出露的山峰，易受溶蚀作用形成岩溶地貌，主要山峰顺构造线略呈峰丛状排列，水动力作用强烈，岩溶洼地发育；山丘表面强烈溶蚀，石沟石芽发育；常态侵蚀弱，沟谷发育不明显。

马鞍山北坡降水汇入小关水库，南坡降水汇入七星潭，以大罗岭为分水岭。

纵观黔灵诸山，发现山体被城市环绕。对比贵山之阳面的老贵阳城，师生们直观感知了城市地域的扩张。师生们讨论认为：从前黔灵山是城市发展的阻碍，随着交通建设，逢山开路、遇水架桥，山体已经不再阻碍城市的扩张，反而成为城市居民休闲娱乐、体育锻炼、学生研学考察的好去处。在此基础上，教师引导学生综合评价了黔灵山的旅游开发条件。

图1-19　俯瞰贵阳城，师生探讨城市地域扩张（左图）、
　　　　陈红生校长总结黔灵山地形特征（右图）

1.3 研学成果

每一次研学活动的开展，师生在积极参与的基础上，也得到了很多收获。对于这些收获，可以进行展示、参与各级各类比赛等。在开展两次黔灵山野外研学考察后，针对开展情况和成果，撰写了活动简报，并参与了各级展示和评比。

1.3.1 活动简报

对每次野外研学活动，工作室均以简报的形式进行呈现，呈现内容包括考察整个过程、收获与感想等，这有利于展示活动过程，引导相关研学活动的开展。

一、黔灵山第一次野外研学考察活动简报

黔灵山地理野外研学考察

（贵州师范大学附属中学金儒成教师工作室 第006期 2019年5月9日）

2019年5月18日星期六，金儒成教师工作室中的四位老师和贵阳一中的王老师带领十三位贵州师大附中的高一学生，参加了"金儒成教师工作室黔灵山地理野外研学考察"活动。目的是通过此次研学旅行，进一步提升学生的综合思维；通过了解自然景观的历史变迁，对区域实地考察，思考人类活动在其间的影响，提升学生的综合素养。

5月18日上午8：30，在大家到达黔灵山公园南门广场之后，老师将事先准备好的工具、资料分发给学生，并引导学生简要回顾5月17号下午研学前的培训内容，重点强调本次野外考察的目的、意义与野外考察方法，再次对大家进行安全教育。

图1-20　参加活动的师生合影（左图）、老师分发工具和资料（右图）

根据提前设计的研学路线，依次对白象泉、褶皱构造、主要植被与土壤、关刀岩的产状与岩性、贵山、马鞍山以及石灰岩与白云岩进行观察、描述和分析。地理研学非常不易，但大家兴致盎然，三个多小时艰苦的山地步行大家还能坚持下来，愉快地完成了本次活动。实地考察研学让整个研学团队对黔灵山有了更深的认识，将所学与实践相结合，积极思考，勇于探索。

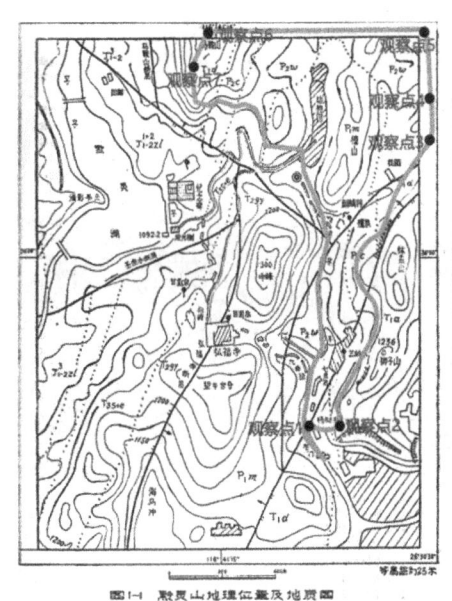

图1-21　考察路线示意

图1-22　植被分析与土壤pH测定

图1-23　了解贵山顶碑文内容

图1-24　罗盘测定方位与岩石测定

二、黔灵山第二次野外研学考察活动简报

第二次黔灵山地理野外研学考察

（贵州师范大学附属中学金儒成教师工作室　第013期　2019年6月23日）

2019年6月23日，金儒成教师工作室再次组织了黔灵山地理野外考察活动。本次参与人数较多，有工作室的陈红生、雷显兵、敖小龙等老师，贵阳一中的王敏老师，以及贵师大附中和贵阳一中的多名学生。在考察之前，老师们收集了大量资料，为参与本次活动的学生开展了安全讲座和培训活动，为本次活动做了充分的准备。

6月23日早上8：30，参加考察研学的师生准时到公园南门集合。老师将事先准备好的工具、资料分发给学生，借用公园导览图介绍本次研学路线与主要观察内容，回顾前期培训学习的岩石观察方法、罗盘的使用方法、土壤的观察方法以及两步路户外助手、智能地质罗盘、形色等手机应用软件的使用，再次加强安全教育。随后正式沿第一次研学路线开展野外考察，三个多小时后，研学活动顺利完成。（因考察点及观察内容与上次活动基本相同，此处不再赘述）

图1-25　参加人员合影（左图）、考察路线介绍（右图）

1.3.2 学生研学报告选编

考察结束后，教师及时督促、指导学生总结黔灵山野外研学的所学、所感、所思、所得，高效地完成了野外考察报告（图1-26），下面摘取部分进行展示。

图1-26　学生考察报告

一、泉和井的区别

作者：高如渊

2019年6月23日，我参加了由我校组织的黔灵山地理研学活动。黔灵山公园（26.6°N，106.7°E）海拔1300米左右，位于贵阳市中心区西北，是一个综合性的公园，以幽深的森林、圣泉、灵猴闻名。

早晨8点30分，我准时与主讲老师于黔灵山公园南大门口集合。老师首先为我们介绍了今天的研学内容是围绕"气""地""水""土""生"等五个方面展开，主要有：了解中亚热带季风气候，认识黔灵山的地形地貌，探究泉和井的区别，对土壤的酸碱性进行判断，以及对群落的认识。

从大门往左走一段时间便到达白象泉。白象泉又名杨柳井，建于清朝时期，因其水质清澈，成为人们喝水休憩的地方，相传喝下它的水可以防止疾病。经过老师的讲解，我知道此处的白象泉是由位于碳酸盐岩和页岩的接触带上的地下水，从碳酸盐岩渗透后遇到隔水层页岩的阻挡，沿着断层线流出而形成，如图1-27。

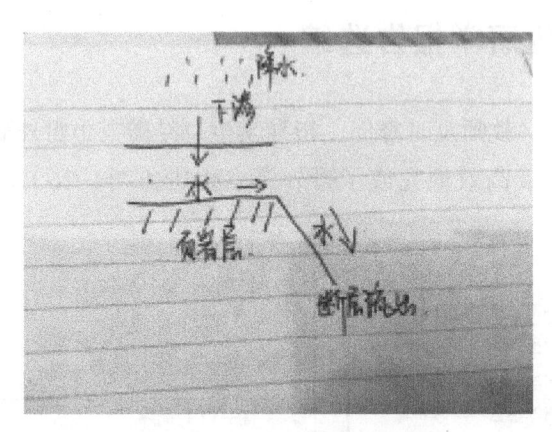

图1-27 白象泉的形成原理

那么不禁让人纳闷，泉和井有什么区别呢？

我们知道，如果从泉和井如何形成的角度来说：井水是地下水，位于岩层下面，人们常常把岩层打破就可以从中提取水；而泉水是降水以后，地表水下渗形成地下水，地下水在流动时遇到阻碍从地表涌出或沿着断层流出，从而形成泉。

从另一个的角度来说，很多喜欢喝茶的人都知道，用泉水泡出来的茶比用井水泡出来的茶口感更加细腻清新。那这是为什么？原因就在于泉水和井水的水质不同。

天然泉水在涌出地面时经过砂土的层层过滤，水质变得清澈，并且在涌出过程中溶入许多对人有益矿物质，在流经溪间时又吸收了空气，增加了水中的含氧量；相对于泉水来说，井水不能流淌，由人们用桶提出来，较为"死板"没有那么多活性，所以用泉水泡茶口感更好，这就是井水与泉水的另一大区别。

本次研学活动精彩而丰富，在这次活动中我学会如何从身边这些习以为常的事物中看到它的前世今生，不禁感叹真是沧海桑田。

感谢此次为我们讲解的各位老师！

二、黔灵山野外研学报告

作者：莫峻杰

2019年6月23日，在老师们的带领下，我们开始了野外研学之旅。

在陈红生老师的带领下，我们来到了今天的第一站——白象泉。陈老师站在白象泉旁边给我们介绍着白象泉的历史。原来从前白象泉叫作杨柳井，陈老师此时笑着问道："为什么是泉而不是井呢？"原来井与泉是有区别的："泉"指地下水的天然露头，且泉水向外流，"井"是一种从地下取水的装置，水不向外流。

在了解泉与井的区别后，我们向东前行，来到了第二站，离白象泉不远的山脚下。

老师站在一块突出的岩石旁边，指着岩石问道："知道这个是什么岩石吗？"我们仔细观察着岩石，发现岩石上有一层一层的结构，回想老师曾在课堂上介绍到的沉积岩，顿时领悟，我们的答案得到了老师的肯定，并且老师还向我们解释了岩石形成的原因。

一路上，老师们向我们不断地介绍、传授了许多地理知识，如被称为活化石的水杉，页岩不易渗水等等。

在与老师们不断的提问与学习中，我们到了第三站：马尾松树群。不过此地让我们十分疑惑，因为贵阳的气候适合常绿阔叶林生长，而为什么此地却是以针叶林为主？我们只能将不解的目光投向了老师们，老师们向我们解释道此处的植被过去曾遭到了破坏，而又因为20世纪贵阳飞播造林主要种植马尾松，所以才有了今天的马尾松树群。在此，我们不仅学习到了地理知识，还了解到贵阳的历史。而更有趣的是我们在老师的指导下，亲手测定了土壤的pH值……

在告别了马尾松林后，我们不断地向东前行，我们便到了第四站：关刀岩。关刀岩名字取得毫不夸张，在远处向此处望来，就如感觉关公的大刀侧卧在此地一样，十分气派，当然，在赞叹的同时，也不能将地理知识遗忘，我们在老师的悉心示范指导下，学习了如何使用罗盘测定方位，同时，我们也观察到该地地质构造为老师在课堂上所讲的向斜。关刀岩的成分为石灰岩，于是我们便在关刀岩上滴上了稀盐酸，观察了有趣的化学反应。

继关刀岩向东，在不断地向山顶靠近，最终来到了第五站，贵山的山顶，老师们在途中就问了我们知不知道贵阳这个名字是如何来的，开始，我们在不断地猜测"是此处太阳光很珍贵吗？所以才叫贵阳"……直到我们登上了贵山山顶才顿然领悟了贵阳名字的来源：原来是在北半球山的南坡获得太阳辐射较多，称为阳坡；而在过去，贵阳的范围十分小，正好在贵山的南面，所以贵阳便由此得来。

在贵山顶休息片刻后，我们来到了最后一站，贵阳最高峰——马鞍山也称为大罗岭。在老师们的解释下，我们知道了马鞍山的来源——在受到张裂作用下，山上较脆弱的岩石被侵蚀，中间留下了耐侵蚀的岩石，从而形成了似马鞍两边陡，中间平坦的地形，从而形成马鞍山。同时在山顶，我们利用稀盐酸与石灰岩反应的剧烈程度区分了白云岩与石灰岩。最后，在山顶，俯视着整座贵阳城，心中不免生出"一览众山小"的自豪。

在与老师们告别之后，我们便踏上了归途，一路上我脑海中不断浮现着背斜、向斜、鹅耳枥、旌节花……

三、植物状况与地理环境

作者：杨慧琳

2019年6月23日早晨8点半，在做好充分准备的情况下，我和许多同学在老师们的带领下走进了黔灵山公园，进行实地勘察。一路上，我们既深刻体会到课本知识的奥妙，又学到了许多新的知识，从而对地理这门学科有了更深的了解。

由这次实践，我意识到自然景观是一个互相渗透、互相联系、互相制约的整体，而"生物"是其中自然地理环境的表现要素之一，它也给我留下了历久弥新的印象。随着步伐的迈进，形态各异的植物令我们眼花缭乱。透过素有"活化石"之称的水杉我们知道了这座山的历史悠久；看到喜湿的植物鸡爪槭、鸢尾花，我们了解了此地降水丰沛等。

接着我们来到了马鞍山的森林里，通过老师我们了解到这片森林为次生林，但这是为什么呢？原来贵阳属亚热带季风气候，按道理这里应以阔叶林为主，而我们见到的却是针叶林，冠层以下多为阔叶植物。这是由于20世纪飞播造林造成的，并且如果没有人工干预，经过一定的时间这里又会成为一片常绿阔叶林了。之后同学们用试纸测定了此处的pH值，在5.5—6.5之间，为酸性土壤。老师又告诉我们，其实通过植物也能推测出这片土壤为酸性土壤。该处的乔木以马尾松为主，灌木以油茶为主，草本以向阳的酸性植物铁芒萁为主，共同构成一个酸性植物群落，这样我们就能判断该处为酸性土壤了。最后，我们又了解到同样是观察植物，地理学科和生物学科的差异：地理主要从宏观角度来观察，注重整体性；而生物主要从微观角度来观察，注重个体性。我更清楚该如何选择观察植物的角度了。

我认为植物仿佛像一位学者一样，将此处的地理环境特征娓娓道来。总的来说，这次活动真是令我受益匪浅，同时也加深了我对地理这门学科的热爱。

四、黔灵山野外考察研究报告

作者：李明丹

2019年6月23日，在做足充分准备及多名老师认真负责的带领下，我们开始了黔灵山地理野外研学之旅。

黔灵山地处贵阳市中心区西北，为大型综合性城市公园，中亚热带季风气候，具明显的高原特点，地势起伏相差不大，无明显垂直差异。其他地质构造复杂，褶皱紧密，断裂纵横，因此，黔灵山地貌变化与其地质构造，岩性是密切关联的。除此之外，黔灵山的地下水分布复杂。

我们首先来到了杨柳井，然而地理老师提出的第一个问题便难倒了我们——"泉与井"的区别是什么？为什么要将白象泉更名为杨柳井呢？原来井是由人工制成的，水不外流；而泉是有源头可流的地下天然水，至此我们恍然大悟。原来地理小知识与日常生活密不可分。

沿途的风景宜人，空阔的场地上偶尔的见到嬉戏打闹的猕猴，幽远的小径上头发花白却精神抖擞的老人……一路上，我们有幸得见有活化石之称的银杏与水杉。拥有特殊气味的石兰，民间可食用的鸢尾花。因其湿润气候环境，土壤长期被强淋溶，黄壤土体总碱金属和碱土金属流失，富铁铝化作用较强。老师们为了让我们亲身实践甚至随身携带了特意购买的pH试纸；以防水源污染土壤影响实验结果，特意拿出了自己的纯净水搅拌泥土……在老师的帮助下，我们以严格的标准要求实验结果尽可能精确。终于，在反复的实验下，我们最终测量出的pH值近乎6.5，由此亲身证明了黔灵山土壤的酸性黄壤。

在攀登马鞍山时，山脚，山腰，山顶上的岩石——我们沿途就地取材。老师从随身的背包中拿出精心准备的稀盐酸，分别滴在岩石上，不同的岩石发生不同的反应。有的反应剧烈：冒出诸多气泡；也有的反应平淡：仅有少量气泡，甚至于没有气泡。这些反应现象证实了黔灵山上的岩石多为碳酸岩石。同时，地理老师向我们展示了地质罗盘的使用方法及用途：确定方向，走向倾斜，也带我们更进一步地了解了原始森林和人工森林本质上的不同。

此次黔灵山野外研习之旅让我学到了许多教室内不能传授的知识，以及坚持不懈，认真踏实的品德。让我收获了更珍贵的研学经历与一颗赤诚之心——正如许多地理学家那般，无论走得多远，见到的风景有多美，都会永远记得初心，以致方能在茫茫人海广阔天地行稳致远，却不失最初的赤诚。

1.3.3 各级获奖

两次黔灵山野外考察结束后，师生注重考察成果的沉淀、呈现与转化，选取学生独立完成的考察报告参加省、市各类竞赛活动，同时梳理、总结整个野外研学考察活动参加各类地理实践交流评比活动，得到了各级专家对黔灵山研学活动的肯定，获得诸多奖项。下面选取部分进行展示。

一、《黔灵山野外地理研学》获省级评比一等奖

贵州地理学会2019年中学地理研学实践交流会于2019年11月9日在贵州师范大学召开，工作室顾问陈红生、王利亚，工作室主持人员金儒成，成员敖小龙、雷显兵、王敏、罗卫等参会。

在"贵州省中学地理研学实践活动交流发言"中，敖小龙老师分享了工作室的野外研学成果《黔灵山野外地理研学》案例，主要从选择黔灵山的理由、前期的准备工作、研学过程的记录、研学报告展示等四个方面进行了展示交流。

图1-28　敖小龙老师进行展示交流（左图）、交流课件封面（右图）

在会议收到的50多个研学案例中，经过评委评定，工作室提交的研学案例《黔灵山野外地理研学》获得评委的肯定，荣获一等奖。这是对我工作室精心组织学生参加野外地理研学的肯定，也给了我们工作室成员极大的鼓舞。

图1-29　教师获奖证书（共三位教师获奖，图为其中一位教师）

二、在第2020年贵阳市青少年科技创新大赛中获一等奖

我工作室准备两个科技创新大赛作品《地理研学——培养学生地理核心素养》和《开阳猴耳天坑地理考查研究》参加了2020年贵阳市青少年科技创新大赛。两个作品对两个案例点——贵阳市黔灵山公园和开阳猴耳天坑进行了多次考查研究，带领了学生50余人次，提高了学生的地理兴趣和野外考查能力。经过贵阳市科学技术协会、贵阳市教育局、共青团贵阳市委的评比，两个作品得到了肯定。由刘成名、金儒成、罗卫指导的《地理研学——培养学生地理核心素养》作品获青少年科技实践活动一等奖，由雷显兵、陈红生、敖小龙指导的《开阳猴耳天坑地理考查研究》作品获青少年科技创新项目二等奖。这更是对学生践行地理实践力的肯定。

图1-30 贵阳市青少年创新大赛获奖证书

2 典型喀斯特景观研学
——开阳猴耳天坑

《普通高中课程方案（2017年版2020年修订）》在"培养目标"这一板块中对于学生的培养目标有如下要求："敢于批判质疑，探索解决问题，勤于动手，善于反思，具有一定的创新精神和实践能力。"《高中地理课程标准（2017年版2020年修订）》规定高中地理课程的核心素养为"人地协调观、综合思维、区域认知、地理实践力"四大核心素养，其中地理实践力是指人们在考察、实验和调查等地理实践活动中所具备的意志品质和行动能力，考察、实验和调查也是地理学的重要研究方法和学习方式。

根据贵州省的自然地理特征和案例分布，我们精选了开阳猴耳天坑作为喀斯特典型景观开展行野外研学活动。先经过老师实地考察，确定学生参观学习研究内容和教学内容，以及需要注意的安全事项；再精选参加研学活动的学生，对其进行知识和野外考察实践能力的培训；最后带领学生进行野外研学考察研究，主要对考察点的地形、地貌、生物等自然地理要素，以及旅游开发与保护等方面进行了综合考察、案例分析和实践研究。

2.1 研学准备

研学活动的开展，需要制定研学方案，做好背景资料、图件、物资等准备，确定参与的考察人员及人员分工，做好安全教育和预案，我们统称为研学准备。做好研学准备，利于研学活动的有序开展，减少突发事件的发生，以及更好地处理突发事件，更好地完成整个研学活动，达到预期的研学目的。

2.1.1 活动方案

活动方案是为某一次活动所制定的书面计划，具体行动实施办法细则、步骤等。活动方案是开展研学实践活动的必要前提，是研学实践活动的蓝图，包括活动目的、活动准备、活动内容、经费预算、注意事项等内容。

一、教师考察方案

猴耳天坑位于贵阳市开阳县中部的城关镇石头村桃子窝村民组,地理坐标为(27°05′N,107°0′E),东与城关镇东山村相连,北与南凉村毗邻,西南均在石头村内。猴耳天坑内集天坑、峭壁、暗河、飞瀑于一体,融奇、险、秘、幽于一炉。

(一)目的和意义

为提高学生地理实践力,培养学科核心素养,同时让学生走出校园,在研学考察中拓宽视野、丰富知识,增强与自然和文化的亲近感,提升学生的自理能力、创新精神和实践能力,把书本知识与生活实际相联系,锻炼知识运用能力、观察能力,培养学生了解家乡、热爱家乡的情感,特选定了该考察点。为保证学生研学开展的高效性、安全性等,教师先组织实地考察,确定考察点,规划考察路线。

(二)猴耳天坑背景介绍

天坑,地理地貌上命名为"喀斯特漏斗",也称为"石围群"。关于天坑的形成,科学地讲,是在大面积的碳酸盐岩地区,由于充沛的降雨,雨水沿裂隙溶蚀岩体,形成地下水系统,地下水长时间对岩层的不断侵蚀、搬运,逐渐形成巨大的地下空洞;地壳运动时,受造山运动的影响,地下河系统不断向下侵蚀,从而产生整个岩层垂直塌陷或不断向下进行侵蚀,形成天坑。天坑有侵蚀型和塌陷型,其形成过程中侵蚀和塌陷是同时进行的,侵蚀型天坑一般呈漏斗形状,塌陷型天坑会形成柱状形,周围是悬崖绝壁。

猴耳天坑属塌陷型,天坑口直径约300米,坑深约280米,坑底最大直径约280米,属中大型天坑。猴耳天坑原生植被为中亚热带常绿阔叶林,但现已保存不多,常见的多为常绿阔叶林、落叶阔叶混交林。乔木层主要有青冈、山杨、板栗、枫香、樟树等;灌木层有杜鹃、马桑、火棘等。

图 2-1　开阳猴耳天坑

（三）资料准备

本次考察为教师考察，主要准备的资料有：猴耳天坑所在区域的水文地质图、地形图，猴耳天坑景区开发资料，地质包，航拍设备等。

（四）活动时间

2019 年 6 月 19 日

（五）活动人员

特邀专家：宋　强；

校内专家：陈红生；

参加教师：金儒成，张国洋，罗家杨，雷显兵，刘成名，敖小龙，王敏，杨成琴，钟婷，朱鑫，等。

（六）考察内容

1. 与猴耳天坑管理部门沟通，收集地形图、宣传片等相关资料；

2. 猴耳天坑的位置，天坑大小的测定；

3. 猴耳天坑的类型及演化阶段；

4. 猴耳天坑的形成过程；

5. 猴耳天坑与当地居民的生产生活的关系。

（七）经费预算

略。

贵州师范大学附属中学金儒成教师工作室

2019 年 6 月 10 日

二、学生野外研学实践方案

通过第一次教师考察、设计路线等,第二次猴耳天坑野外研学考察为带领学生考察,现将整个研学方案设计如下:

(一)目的和意义

为提高学生地理实践力,培养学科核心素养。让学生走出校园,在与平常不同的生活中拓宽视野、丰富知识,加深与自然和文化的亲近感,增加对集体生活方式和社会公共道德的体验。提升学生的自理能力、创新精神和实践能力。提高学生地理学习兴趣;把书本知识与生活实际相联系,锻炼知识运用能力、观察能力;了解家乡,热爱家乡。

(二)猴耳天坑背景介绍

见第一次相应内容。

(三)野外考察技能培训与安全保障

本次野外考察之前,参与教师已对猴耳天坑进行前期考察。本次出发前,由陈红生副校长专门为参加学生进行野外考察专题培训,主要讲授地质罗盘的使用,岩石硬度的简单测算,植物标本的制作以及野外实习报告的撰写、野外安全等知识。

地理野外考察安全工作是第一位的,也是重中之重,为了保证学生的安全,考察前先对学生进行了安全培训。

(四)考察内容

1. 学会利用信息技术手段解决实际地理问题(天坑测量);
2. 证明猴耳天坑为天坑;
3. 推测天坑所处的演化阶段;
4. 对猴耳天坑的开发保护提出建议;
5. 推测猴耳天坑的形成条件;
6. 猴耳天坑内植物群落调查(样方法)。

(五)野外考察安排

1. 时间:2019年10月13日(星期日)全天。
2. 参与人员:

指导教师(8人):陈红生,罗家杨,金儒成,张国洋,雷显兵,刘成名，敖小龙，罗卫。

学生（14人）：

高二（10）班：高如渊，李林琴，莫峻杰，杨慧琳，谭雨嫚

高二（11）班：付雨婷，陈子浦，夏张昱骁，周永芬

高二（4）班：唐冰洁

高二（17）班：刘汉贵

高二（12）班：唐文皓，王思琪

高一（4）班：柯文

3. 交通：乘坐校车（贵ＡXXXXX）。

（六）经费预算

含培训指导费、误餐费等。具体预算略。

贵州师范大学附属中学金儒成教师工作室
2019年10月10日

2.1.2 安全培训

在研学活动开展前先进行野外安全教育，并将参加研学活动的同学分组，每组一位指导教师负责安全工作，在出发前购买意外保险。

图2-2 研学活动前辅导老师讲解相关安全知识

2.1.3 知识和技能准备

每次在进行野外考察前先请辅导教师对地貌、地形、水文、土壤、植物等相关知识进行讲解，使同学们有一定的知识储备，并做好活动方案，确定好考察研究点和考察路线。同时教会同学们学会利用地质罗盘、地质锤，以及植物野外调查的方法等技能。

1. 查询相关文献资料

图2-3 相关资料

2. 资料整理

"开阳猴耳天坑"相关资料准备

（1）天坑位置、特征

①长　宽　最大垂直深度　最小垂直深度

②周围天坑分布情况

③天坑、洞穴等喀斯特景观融为一体，集中丰富

④退化天坑（失去地下河行迹或周壁的完整性遭到严重破坏）

⑤在10km范围内应有天坑→天坑群（谷歌地球上找），地下河是查找天坑的重要线索

⑥天坑与当地人们生产生活关系

（2）典型的天坑

①底部有清晰的地下河进水口和出水口

②出漏地表的河水潺潺流动

③在坑底还形成了一串跌水瀑布（准备激光测距离）

（3）天坑的定义（与天窗的区别和关系）

由溶洞大厅崩塌形成的、四周或大部分周壁陡崖环绕的负地形

天坑的演化过程：

①地下河搬运，将溶蚀崩塌的岩体溶蚀、侵蚀、搬运出去

②天坑容积不断扩大（受外力侵蚀为主）

③植被丰茂，存有珍稀植被

（4）复合天坑"坑中坑" — 疑似天坑 — 离城市最近天坑

（5）天坑是继"峰林""峰丛"后又一个来自中国的岩溶术语

2001年"天坑之父"朱学稳给天坑下的定义是"深度与宽度均不小于50米的地面陷坑"

2005年时又修订为"宽度与深度不小于100米的塌陷漏斗"

2016年时定义为"溶洞大厅崩塌形成的、四周或大部分周壁陡崖环绕的大型漏斗"

（6）天坑形成与地下河有着密不可分的关系，可以成为干旱的岩溶地区找水的新思路（生产的意义），也是探坑、探洞旅行的户外活动基地

（7）天坑的形成条件

①碳酸盐岩的山地

②地壳抬升和地下水的下降

③地下河和溶洞系统形成分层，上层形成塌陷，成为现在天坑 — 也是最上层洞穴的遗迹（洞穴系统）

④喀斯特地貌演化的特殊阶段→溶洞生命演化过程中，必然留下的证据，或多或少或新

⑤天坑最终的命运是退化

当天坑四周崖壁有崩塌过程速率超过地下河的搬运速率时，天坑开始退化（伴随堆积扇和堆积群在周壁底部形成），宽、深度开始降低

⑥阶段：襁褓中的天坑（溶洞大厅）；新生萌芽的天坑（开始洞顶塌陷的溶洞大厅）；壮年的天坑；暮年的天坑（1% — 80%退化，失一面壁到仅存一面壁→标准漏斗），复合天坑

2.1.4 工具仪器

在野外考察前先准备好相机、放大镜、钢尺、地质罗盘、地质锤、游标卡尺、皮尺、记录纸、稀盐酸、标本收集袋、水壶等传统工具,以及相应的电子设备等现代化工具。

2.1.5 组织准备

提前安排好交通工具,确定考察参与人员;学生3—4人为一个考察小组,小组长负责小组的野外考察、现场讨论、室内准备、作业检查等组织工作;明确集合地点和时间等各项具体要求,准备好电话等通信设备。此外,考察前还要将有关考察事宜告诉学生家长,以征得家长的同意和支持。

天气了解及安全准备:了解天气预报,准备相应着装,并做好特殊天气的应急预案。教师做好安全教育,指导学生正确处理突发事件;设置安全小组,携带基本救生药品、绷带、尼龙绳、针线包等。

2.2 研学过程

本研学活动进行了两次,第一次为教师进行路线考察与设计,第二次为带领学生进行研学考察。第一次活动过程主要从简报中呈现,此处从简。

2.2.1 教师考察过程(第一次研学过程)

2019年6月19日,金儒成教师工作室顾问陈红生副校长,工作室主持人金儒成老师,工作室成员朱鑫、罗家杨、雷显兵、刘成名、敖小龙等老师,以及贵州省地理教研员宋强老师、贵阳一中王敏老师、贵阳四十中杨成琴老师等一行十人开展了"金儒成教师工作室猴耳天坑地理野外研学"活动。

本次考察的目的是为带领学生参加考察做好前期相关准备工作，同时也是为指导学生参加贵州省科技创新大赛作前期选点。

考察队伍从检票口一路向下，经闪电门、万亩梯田等景点至坑底，期间利用罗盘对路边岩层进行了产状测定，同时分析了闪电门、万亩梯田景观形成原因。在天坑底部，考察了土壤酸碱度、植物群落特征、地下暗河等内容，从地下暗河上岸后经一个人工通道上到地表，采取岩石标本进行稀盐酸滴试，得知区域以白云岩为主，碳酸钙含量很少，几乎无气泡。最后用无人机进行航拍，获得了猴耳天坑全貌。

之后回到景区出口，与景区管理员进行交流，获得了一些宝贵的猴耳天坑自然地理资料。全体参加人员进行了集中交流讨论，确定了带学生考察的路线和考察点。至此，本次研学活动顺利完成。

2.2.2 学生野外研学实践过程（第二次研学过程）

为落实新课标中对学生地理核心素养的培养，以及培养学生创新、实践和动手能力，更好地在真实情境中观察、感悟、理解地理环境及其与人类活动的关系。2019年10月13日，在金儒成教师工作室团队的带领下，师大附中高二年级11名同学对开阳县猴耳天坑进行了地理野外研学考察。

图2-4 猴耳天坑

开阳猴耳天坑位于贵州省贵阳市开阳县城关镇石头村桃子窝村民组。地理坐标为（27°N，107°E）。天坑坑口直径约300米，坑身约280米，坑底最大直径也是约280米，由于形状像猴耳，故名为"猴耳"天坑。

本次地理研学活动开展前，陈红生副校长和雷显兵老师专门为参加学生进行了野外考察专题培训，主要讲解了猴耳天坑的形态、地下河与猴耳天坑的相对位置、野外实习报告的撰写等内容，同时也系统地介绍了此次地理研学活动的目的和意义。地理野外考察安全工作是第一位的，为了保证学生的安全，此次考察前培训也特别讲解了野外安全知识，强调了野外考察安全的重要性。

师生上午准时从附中出发，历经2个小时车程，约9:30到达开阳猴耳天坑。

随后，根据考察前培训会进行的分组，每两名学生组成一个研学小组，每小组均配有一名指导老师，各小组分别对考察前确定的项目开展研学活动。

图2-5　各组老师向组员讲解考察任务和研究方法

陈红生副校长带领的小组对猴耳天坑的形成条件进行了考察，根据途中观察的溶洞、地下河、崩塌物、岩层及岩性，陈校长向学生讲解了天坑的形成过程：在大面积的碳酸盐岩地区，由于上千万年的雨水溶蚀冲刷，加上地下水系长时间对岩层不断侵蚀搬运，地下形成溶洞系统；受地壳抬升影响，地下河系统不断向下侵蚀，而后，伴随着溶蚀，同时在地壳运动、重力作用、外力作用下，溶洞局部发生垮塌，垮塌物质全部或部分被水流逐渐溶蚀搬运带走，形成溶洞大厅。如此几次垮塌后，地下溶洞大厅的腔体最终露出地面，形成天坑。

图2-6 天坑形成原因表现 —— 现在的地下河和以前地下河位置

图2-7 溶洞塌陷形成天坑的证据 —— 崩塌堆积物（左图）、
天坑成因 —— 断层发育的石灰岩层（右图）

  随后，到达位于猴耳天坑的一处溶洞，该溶洞存在边石坝地貌，陈红生副校长讲解了边石坝地貌的特点以及成因。其成因是饱含碳酸氢钙的地下水溢出地表，沿斜坡漫流时，遇到地表凸起部位，水流翻越阻隔流速加快，水体变薄，水中的二氧化碳逸出，在凸起部位发生碳酸钙沉淀，其形状像梯田。

2 典型喀斯特景观研学——开阳猴耳天坑 / 053

图2-8 辅导老师在讲解边石坝成因

该处边石坝未受到保护，被游客践踏破坏较严重，因此，同学们针对该处边石坝的保护提出了建议。

金儒成老师带领学生对猴耳天坑的长、宽、高进行了测量，并根据测量得出的数据计算天坑的容积。由于猴耳天坑从顶部的第一层洞到底部的第三层洞长宽逐渐变小，因此计算天坑容积时需将天坑分成上、中、下三层。金儒成老师指导学生通过手机软件查看海拔来计算高差，利用手机测量软件、测距仪、皮尺等工具测量长宽，最后将数据汇总计算猴耳天坑的容积。

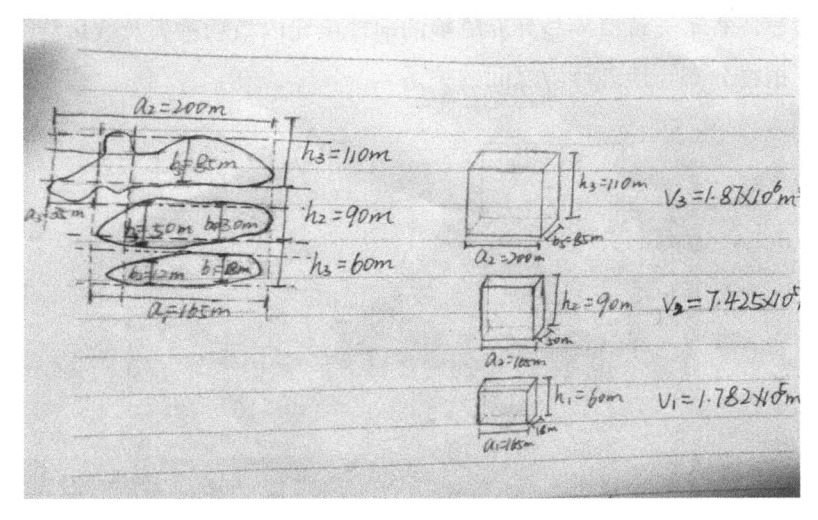

图2-9 天坑容积计算

雷显兵老师指导的小组对猴耳天坑景区的开发保护提出建议。学生采取调查访问的形式对景区内各游玩项目进行了调查，了解了各项目日均接待人数、日均收入等情况。雷显兵老师也指导学生针对景区内喀斯特边石坝景观"万亩梯田"受人为踩踏破坏较严重问题提出了保护措施。

图2-10　破损的栏杆

刘成名老师指导学生采用"样方法"对猴耳天坑内的植物群落进行了调查。主要调查了天坑这一与外界隔绝的地理单元内植物种类及数量特征，并分析了植物分布与地理环境之间的关系。

图2-11　植物样方调查

罗卫老师通过讲解天坑与喀斯特漏斗的区别，指导学生观测猴耳天坑周壁陡度以及结合其他研学小组测量的天坑宽高数据证明了猴耳天坑为塌陷型"天坑"。

图 2-12　塌陷型天坑鉴别特征 —— 坑底横过的地下河道

考察完天坑地貌后，参加研学活动的同学们乘坐游船沿着地下河考察了位于天坑中的溶洞，在考察溶洞的过程中，指导教师讲解了喀斯特地貌的成因，以及贵州多喀斯特地貌的原因：其一是贵州碳酸盐岩分布广且厚，为喀斯特地貌的发育提供了物质基础；其二是贵州位于亚热带季风气候区，降水丰富且气温较高，流水溶蚀作用较强。

图 2-13　指导教师讲解溶洞形成原因及钟乳石成因

历经4个小时的考察，6月19日14：00，各研学小组在景区出口成功汇合。至此，本次地理研学活动圆满结束。

2.3 研学成果

每一次研学活动的开展，师生在积极参与的基础上，都得到了很多收获。对于这些收获，可以进行展示、参与各级各类比赛等。在开展开阳猴耳天坑野外研学考察后，针对开展情况和成果，撰写了活动简报，并参与了各级展示和评比。

2.3.1 活动简报

对每次野外研学活动均以简报的形式进行呈现，呈现内容包括考察整个过程、收获与感想等，这有利于展示活动过程，引导相关研学活动的开展。

一、第一次野外研学考察活动简报

猴耳天坑第一次研学考察

（贵州师范大学附属中学金儒成教师工作室　第012期　2019年6月19日）

2019年6月19日，金儒成教师工作室顾问陈红生副校长、工作室主持人金儒成老师、工作室成员朱鑫、罗家杨、雷显兵、刘成名、敖小龙等老师，以及贵州省地理教研员宋强老师、贵阳一中王敏老师、贵阳四十中杨成琴老师等一行十人开展了"金儒成教师工作室猴耳天坑地理野外研学"活动。本次考察的目的是为带领学生参加考察做好前期相关准备工作，同时也是为指导学生参加贵州省科技创新大赛作前期选点。出发前各自了解了此次研学尤其是出野外考察应注意的事项，准备好之后13：00出发，约15：00到达景区门口。

(一) 出发前准备

在实地考察前我们收集了天坑的相关资料并进行整理，如天坑大小的比较、天坑的演化过程等。联系景区管理员了解相关信息，制定了周密的考察方案。

在到达景区门口之后，陈校长再次给大家讲解了猴耳天坑的岩层、岩性、天坑大小比较等内容。根据地形地质图，判定天坑岩层为寒武系下统清虚洞组ϵ_1q、寒武系中统高台组ϵ_2q、寒武系中上统娄山关群$\epsilon_{2\sim3}$、二叠系上统吴家坪组P_2w。查阅资料得到该地岩层岩性为寒武系白云岩，岩层的产状为156°∠15°。

图2-14 陈校长讲解相关知识背景

(二) 考察记录

从大门入口往下走，观察到岩层分层明显。用罗盘对路边一岩层进行测定，得到岩层倾角为5°左右。

图2-15 测量岩石倾角

全体教师之后进入一洞穴，洞穴内比较狭窄，刚够一人通行。洞口形如一线天，又好似一道闪电，取名"闪电门"。洞穴两壁未看见石钟乳、石笋等地貌。洞穴底部有鹅卵石分布，但未见河流。推测该洞穴为古地下河侵蚀形成，当时地壳抬升较快，河流下蚀强烈，形成狭窄洞穴。

来到景点"万亩梯田"，此处洞穴底部并非真的梯田，而是钙华地貌，是含碳酸氢钙的地下水出露地表时，因二氧化碳大量逸出而形成的碳酸钙化学沉淀物。可惜该处受人为踩踏较严重。水向外潺潺流动，顶部可见明显断层。该洞穴底部海拔明显较闪电门低。

图2-16 边石坝（"万亩梯田"）

天坑崖壁底部伴随堆积扇和堆积群，堆积群植被茂密，土壤分层明显，形成时间较久。我们取多个点的土壤进行酸碱测定，野外测得土壤pH均为6.5。取样本回实验室再测，pH为5.5～6之间。

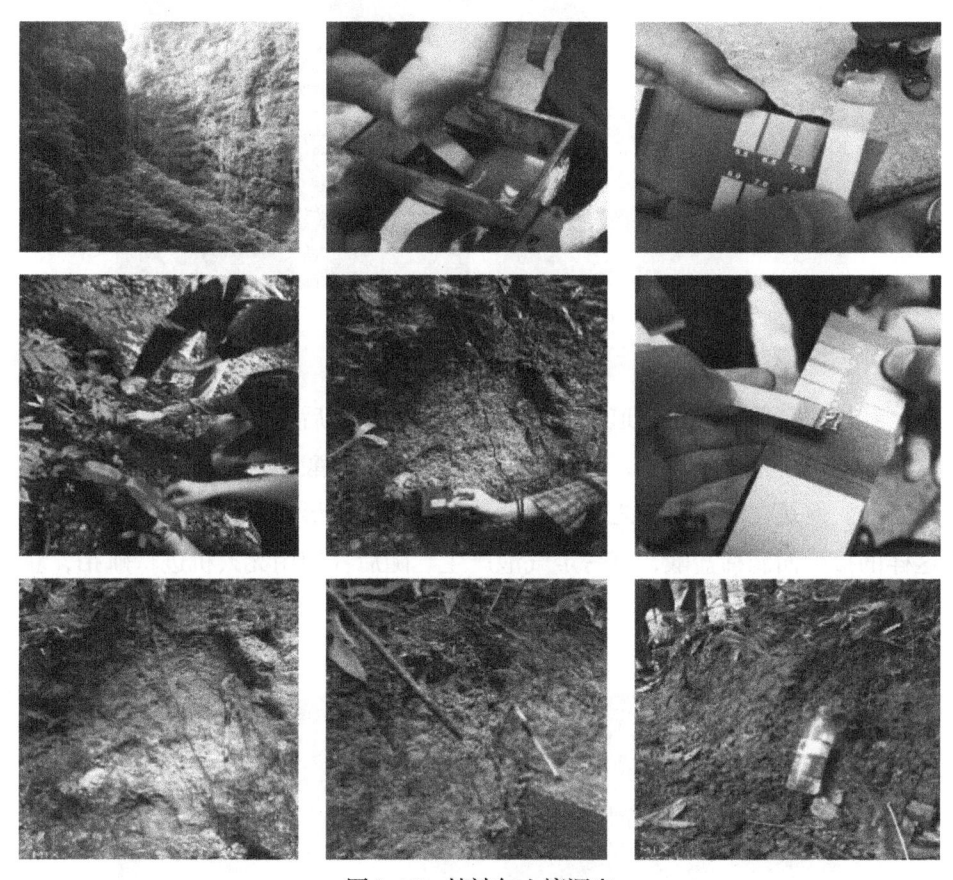

图2-17　植被与土壤调查

该土壤富含腐殖质，土色黑暗，质地黏重，土层较薄。

下到天坑底部，听到隆隆水声，为跌水。水流出露又经瀑布流入地下。乘船沿地下暗河逆流前行，顶部可见明显断层，两侧景观差异明显。一侧岩石颜色偏黑，一侧偏黄；一侧钟乳石、石笋较多，而另一侧非常稀少。目前还不清楚原因。

图2-18 跌水与地下暗河

经过一个狭长人工通道上到地表,稍作休息之后继续前行。在该处采集岩石标本进行稀盐酸滴试,区域以白云岩为主,碳酸钙含量很少,所以几乎无气泡。但是在岩石层理之间,有部分碳酸盐析出形成白色薄层方解石,在这样的接触面滴稀盐酸,有一定气泡产生。随后我们用无人机进行航拍,获得猴耳天坑全貌。

图2-19 检测岩石岩性

回到景区出口，与景区管理员交流，获得一些宝贵的猴耳天坑自然地理资料。至此，本次研学活动顺利完成。

图 2-20　无人机获取天坑全貌

（三）总结

开阳猴耳天坑较典型，天坑底部有清晰的地下河进水口和出水口，出露地表的河水潺潺流动，在坑底还形成了跌水。较厚的碳酸盐岩层给天坑的形成提供了足够的空间，区域地下河流侵蚀强烈，随地壳抬升，地下水下降，地下河和溶洞系统形成分层，多条地下河侵蚀形成较大的洞厅。随着侵蚀的不断进行，洞厅顶部岩层逐渐变薄，平坦的岩层相对更容易垮塌，断层使洞厅沿断层发育呈狭长状，地壳运动使顶部岩层垮塌后，形成猴耳状。本区域降水强度大，将垮塌下来的物质冲刷带走，形成现在看到的猴耳天坑。天坑底部存在堆积群，说明天坑四周崖壁崩塌过程速率超过地下河搬运速率，天坑已经开始退化。目前该天坑正处于壮年期。

（四）感受

此次研学收获很多，主要有以下几点：①此次研学让教师对猴耳天坑以及开阳有了更深的认识，将所学与实践相结合，积极思考，勇于探索；②本次活动由于器材问题，并没有测得天坑的长、宽、高以及体积；③由于时间关系，未能到周边找寻是否存在其他天坑。

二、第二次野外研学考察活动简报

地理研学活动：开阳猴耳天坑

（贵州师范大学附属中学金儒成教师工作室 第021期 2019年10月13日）

为落实地理核心素养中提出的对学生地理实践力的培养，提高学生的行动意识和行动能力，使学生能更好地在真实情境中观察、感悟、理解地理环境及其与人类活动的关系，2019年10月13日，金儒成教师工作室顾问陈红生副校长、成员带领师大附中高二年级11名同学对开阳县猴耳天坑进行了地理野外考察研学活动。

本次地理研学活动开展前，陈红生副校长以及雷显兵老师专门为参加学生进行了野外考察专题培训，主要讲解了猴耳天坑的形态、地下河与猴耳天坑的相对位置、野外实习报告的撰写等内容，同时也系统地介绍了此次地理研学活动的目的和意义。地理野外考察安全工作是第一位的，为了保证学生的安全，此次考察前培训也特别讲解了野外安全知识，强调了野外考察安全的重要性。

师生7：30准时从附中出发，历经2个小时车程，约9：30到达开阳猴耳天坑风景区入口。

图2-21　猴耳天坑景区入口处合影

随后，根据考察前培训进行的分组，每两名学生组成一个研学小组，每小组均配有一名指导老师，各小组分别对考察前确定的项目开展研学活动。

陈红生副校长带领的小组对猴耳天坑的形成条件进行了考察，根据途中看到的溶洞、地下河、崩塌物、岩层及岩性，陈校长向同学们讲解了天坑的形成过程：在大面积的碳酸盐岩地区，上千万年的雨水溶蚀冲刷，地下水系又长时间对岩层不断侵蚀搬运，地下形成溶洞系统；受地壳抬升影响，地下河系统不断向下侵蚀，而后，伴随着溶蚀地壳运动、外力作用及重力作用下，溶洞局部发生垮塌，垮塌物质全部或部分被水流逐渐溶蚀搬运带走，形成溶洞大厅。如此几次垮塌后，地下溶洞大厅的腔体最终露出地面，形成天坑。

图 2-22　陈校长给学生讲解溶洞的形成（左图）、陈校长研学小组合影（右图）

金儒成老师带领学生对猴耳天坑的宽、高进行了测量，并根据测量得出的数据计算天坑的容积。由于猴耳天坑从顶部的第一层洞到底部的第三层洞长宽逐渐变小，因此计算天坑容积时需将天坑分成上、中、下三层。金儒成老师指导学生通过手机软件查看海拔来计算高差，利用手机测量软件、测距仪、皮尺等工具测量长宽，最后将数据汇总计算猴耳天坑的容积。

图 2-23　金儒成老师研学小组合影（左图）、崖壁上的溶洞（右图）

雷显兵老师指导的小组是对猴耳天坑景区的开发保护提出建议。学生采取问卷的形式对景区内各游玩项目进行了调查，了解了各项目日均接待人数、日均收入等情况，雷显兵老师也指导学生针对景区内"万亩梯田"景点受人为踩踏破坏较严重问题提出了保护措施。

图 2-24 雷显兵老师研学小组合影（左图）、溶洞探险项目（右图）

刘成名老师指导学生采用样方法对猴耳天坑内的植物群落进行了调查，通过选取样地、调查样地环境条件、识别样地内植物种类及数量特征，得出了植物群落各层优势种。

图 2-25 刘成名老师研学小组合影（左图）、学生考察坑底植被（右图）

罗卫老师通过讲解天坑与喀斯特漏斗的区别，指导学生观测猴耳天坑周壁陡度以及结合其他研学小组测量的天坑宽高数据证明了猴耳天坑为塌陷型"天坑"。

图 2-26　罗卫老师研学小组合影（左图）、天坑特征 — 岩壁峭立（右图）

历经 4 个小时的考察，约 14：00 各研学小组在景区出口成功汇合，至此，本次地理研学活动圆满结束。在研学活动中，学生全程兴趣高昂，就考察过程中遇到的地貌、植被、水文等方面的地理问题提出了自己的见解，学习到了一些地理野外考察方法，同时也提升了合作探究能力以及地理实践力。

2.3.2 学生研学考察报告选编

通过研学活动，学生学会了科学调查和研究的方法，培养了团队合作精神，锻炼了创新、实践和动手能力，同时在考察中运用所学知识解决实际问题，培养了地理核心素养。学生在研学结束后撰写了感想和科技论文，并做了交流和汇报。

图 2-27　学生进行项目交流与汇报

备份属于 猴耳天坑的演化 高二·11班 陈…	2019/10/18 12:40	Microsoft Word …	3,048 KB
备份属于 学会利用信息技术手段解决实…	2019/10/17 10:39	Microsoft Word …	544 KB
关于猴耳天坑开发和保护 (高二十班莫峻…	2019/10/18 15:41	Microsoft Word …	1,092 KB
猴耳天坑的演化 高二·11班 陈子浦 指导…	2019/10/18 23:05	Microsoft Word …	3,051 KB
猴耳天坑为什么是一个天坑	2019/10/18 14:56	Microsoft Word …	1,905 KB
猴耳天坑植物调查	2019/10/17 9:50	Microsoft Word …	20 KB
学会利用信息技术手段解决实际地理问题	2019/10/19 23:42	Microsoft Word …	548 KB

图 2-28 学生撰写的报告

一、猴耳天坑的演化

作者：陈子浦；指导老师：陈红生

摘要：天坑的概念是在近二十年才提出的，我们对于天坑的研究较为有限，本研究旨在通过实地考察得出结论，对猴耳天坑的演化过程进行分析与判断。

关键词：猴耳天坑；壮年期

天坑是指具有巨大的容积，陡峭而圈闭的崖壁、深陷的井状或桶状轮廓等形态特征，从地下通向地面，平面宽度与深度从大于100米至几百米以上，底部与地下河相连接（或有证据证明地下河道已迁移）的一种特大型喀斯特负地形。由于天坑为近二十年才提出的概念，所以我们需要多研究。

2019年10月13日，在我校组织的开阳猴耳天坑地理研学活动，以开展对天坑的研究。

1. 天坑演化的普遍规律：经过我的学习和实地考察，我总结了一些关于天坑演化的普遍信息。天坑在地理地貌上被命名为"喀斯特漏斗"（又叫"石围群"）。它形成的原因是在大面积的碳酸盐岩地区，由于充沛的降雨，雨水沿裂隙溶蚀岩体，形成了地下水系统，地下水长时间对岩层不断侵蚀、搬运，渐渐形成巨大的地下空洞，受造山运动影响，地下河不断向下侵蚀，从而产生整个岩层垂直坍塌或不断向下侵蚀而形成。天坑按成因分为侵蚀型和塌陷型两种类型，其形成过程中塌陷与侵蚀是同时进行的。天坑的演化有四个阶段：①襁褓中的天坑；②兴盛萌芽的天坑；③壮年的天坑；④步入暮年的天坑。对猴耳天坑演化阶段的研究，是本次考察的重要课题之一。

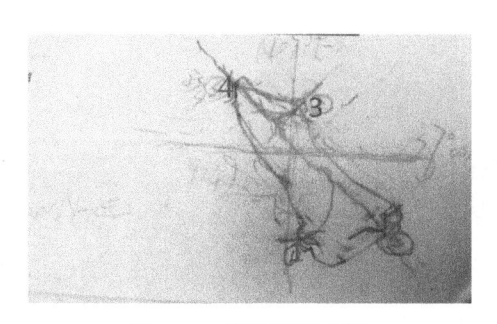

图2-29 猴耳天坑草图

2. 猴耳天坑的基本信息：在查明了相关资料后，我查找到了猴耳天坑的地理位置信息。其位于开阳县中部，城关镇石头村桃子窝村名组，地理坐标位于东经107°0′，北纬27°05′，东与城关镇东山村相连，北与南凉村比邻，西南均在石头村内。该天坑的竖直落差280m，坑口直径350m。

3. 推测过去的猴耳天坑：在了解了基本信息之后，我走入了天坑内部，开始寻找证据，来推测过去猴耳天坑的地质样貌。经过一番寻找，我们在暴露在外的石壁上发现了一些小型的钟乳石。钟乳石的特性是：它形成于溶洞内，一旦暴露在洞穴外，那么就会停止生长，从这里可以看出，天坑所处的位置以前是一个溶洞，溶洞内部有大量的钟乳石，在塌陷后，这才有了部分的钟乳石保留了下来。之后，我们在天坑底部发现，在岩层中夹杂着许多泥土，这些泥土据我推测应该是，在溶洞塌陷时，溶洞外表面的泥土随着塌陷的岩石一起掩埋在了地下。这也可以说明天坑所处位置在过去是一个溶洞，且其表面有着泥土与植被，通过检测土样，我们甚至能够推测出植被的种类。而且在天坑的底部，我们还找到了较高大的树木这些树木应是在天坑塌陷后，在塌陷遗留下来的泥土上重新繁育起来的。由此可以看出，天坑形成时距今已经有了较长的时间。

图2-30　天坑壁上暴露的钟乳石（左图）、天坑底部的较高大植物（右图）

4. 现在猴耳天坑所处的演化阶段： 在推测完天坑过去的样貌后，我们不妨着眼于现在的猴耳天坑。根据现象我们推测，猴耳天坑是一个处于壮年时期的天坑。天坑的四周都非常陡峭，我在以下4个点处用手机软件上的水平仪对坡度进行测量，坡度最大的地方达到了75°，四个点处平均坡度也达到了近70°，这种坡度极大的特征是天坑处于壮年期的表现之一。

图2-31 从左到右，从上到下分别为在草图1、2、3、4处所测量到的坡度

天坑在形成时，由于溶洞厅的塌陷，在天坑的底部本应沉积有大量较大块的岩石，可我们在坑底却只找到了如图的几块岩石较大，其余都是细小的小石块。而我们又发现这些小石块多在天坑内部一些溪流的小分支中，这说明河流仍在对岩石进行侵蚀与搬运，这才导致大岩石数量较少，大岩石被侵蚀后剩下的小岩石也会随着河流而被带向远方。河流仍在对天坑进行侵蚀，这也会使得猴耳天坑在一段时间后，其深度会越来越深。在天坑的四壁上我们还发现了断层，断层的位置在草图的1、3处。断层的形成是由于岩层断裂且断裂岩层间发生了相对运动。由此可以看出，猴耳天坑在过去曾经发生过较剧烈的地壳运动从而产生了这些断层，所以天坑的形成有一部分原因是地壳运动，地壳运动使溶洞厅顶更加脆弱。综上所述，猴耳天坑的形成原因有两方面，流水的侵蚀是主要原因，地壳运动也是原因之一。

图2-32 河流底部的小块岩石（左图）、陡峭的天坑壁（中图、右图）

5. **预测猴耳天坑未来的演变**：根据现在的景观，我们可以对天坑未来的发展作出推测。在天坑的四壁内部上有一些较大型的溶洞，在溶洞内仍有流水的侵蚀，而且在一些人工挖掘的洞穴内，我们发现已经有一些小型钟乳石的存在（长度约为1cm左右），可见其发展之迅速，所以在未来，这些溶洞大厅也会因侵蚀而塌陷从而形成新的天坑，再加之现在流水仍在对现有天坑进行侵蚀，所以未来这里的天坑体积会更大，直到该天坑步入暮年。

图2-33　坑底少数大块岩石（左图）、草图中3处的断层（右图）

6. 总结：在经过这一次地理研学后，我对天坑的演化有了更深层的了解，同时也通过实地考察到的一些现象得出了许多结论，但一切推论都建立在自然形成而无人工影响的情况下，如果人为因素过多，那么如此美丽的天坑也将葬送于人类手中。

二、猴耳天坑为什么是一个天坑

作者：王思淇　谭雨嫚；指导老师：罗　卫

（一）路线

我们由大门处进入天坑观景，然后到景区的洞穴探险景点，顺路而下到达坐船的泊船点，坐船后进入溶洞，从溶洞出口离开后前往高空观景台，沿金色天路抵达出口，路线大致如下：大门处 —— 洞穴探险 —— 垂直极限 —— 泊船点 —— 溶洞出口 —— 金色天路 —— 出口。

（二）景观

沿途可见陡峭的岩壁，有四个被流水侵蚀后形成的溶洞，岩石是水平的，易被流水侵蚀，不难想象，如果水源充分且合乎条件，也许会诞生另一个"天坑"。景区有一条西北向东南的暗河，侵蚀岩层。根据观测可知此时的天坑正处于壮年时期，四壁陡峭，几乎达到垂直角度。

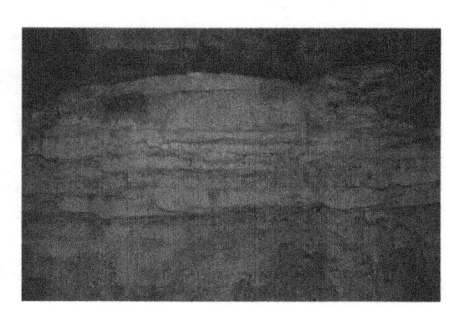

图2-34 不同高度溶洞

(三) 证明天坑是"天坑"

利用现代信息技术手段，我们测量了天坑并得到以下数据：

坑口直径300米，坑深280米，坑底最大直径280米，山顶到山脚上下落差达到180米。根据天坑定义中，"宽度与深度不少于100米的塌陷漏斗"可以轻易得知猴耳天坑符合该定义。

图2-35 利用手机测量方位、海拔等信息

从另一方面着手，天坑景观大致是四壁陡峭，岩层侵蚀痕迹明显。我们可想而知：天坑所在地之前原本是深厚的碳酸盐岩岩层，然后在流水的侵蚀、搬运作用下，慢慢有了溶洞的雏形，这一阶段为襁褓中的天坑。与此同时，随地壳抬升，地下河继续向下侵蚀，溶洞大厅体积扩大，为处于新生萌芽阶段的天坑扩展空间，而后在水力等外力作用侵蚀下，本身岩性极易被侵蚀的碳酸盐岩地表日渐趋薄，直到某一天塌陷形成天坑。也由此证明天坑的另一定义"溶洞大厅崩塌形成的，四周或大部分岩壁陡崖环绕的大型漏斗"的正确性。

图2-36　天坑内的陡峭崖壁

天坑形成过程中必不可少的三大条件：①碳酸盐岩的山地；②地壳的抬升运动；③地下河的存在。碳酸盐岩的地层是天坑形成的物质基础，它易于被侵蚀，使天坑有了形成的最重要一环，如果天坑岩性为不易被侵蚀的花岗岩，那么天坑就失去了其形成的根本。地壳的抬升运动使得已经侵蚀到基准面的天坑有了继续向下侵蚀的机会，再加上地下河流水的侵蚀和搬运作用，若干年后就形成了我们今天所见到的猴耳天坑，所以根据以上三个条件以及演化过程，也可初步判定猴耳天坑是天坑。

图2-37　溶洞内钟乳石（左图）、天坑内植被（右图）

猴耳天坑内集暗河、飞瀑于一体，属亚热带湿润季风气候区，雨水充沛，为地下河系统的形成提供了重要条件，同时洞内的石钟乳、上下相接的石柱以及石笋的存在也直接证实了天坑内沉积岩的岩性是碳酸盐岩。

典型的天坑特征有：①底部有清晰的地下河进水口和出水口。主干河有部分位于地上而后又流入地下成为暗河侵蚀岩层。河流的流量并不小，可以想象到在天坑形成的若干年前也应该是大河；②出漏地表的河水潺潺流动。河面还算宽阔，难以观察到河水的流动，但可以听到水声，证明这条主干河流不可能是死水；③在坑底还形成了一串跌水瀑布。这些有关于地下河的景观以及天坑植被丰茂，存有珍稀植被的景象也佐证了天坑的存在。

图2-38　天坑底部地下暗河（左图）、流水侵蚀痕迹（右图）

以上就是我们整个论证过程，猴耳天坑是一个正处于壮年时期的中小型天坑。

三、学会利用信息技术手段解决实际地理问题

作者：杨慧琳，李林琴；指导老师：金儒成

猴耳天坑旅游度假区位于开阳县中部，属城关镇石头村桃子窝村民组，地理坐标为东经107°0′，北纬27°05′。通过事先查阅资料，我们注意到猴耳天坑属于中小型天坑，利于开展研学活动，因此我们决定将猴耳天坑作为考察地点。

我们注意到猴耳天坑地形较为复杂，因此我们将天坑分为三层，分层并运用不同的手段测量天坑的大小：

工具名称	优点	不足	完成内容
手机APP（一键测距）	方便灵活，不受时间限制	外部因素影响较大	第一、二层测距
皮尺	所测数据较精确，便于携带	受地点限制，测量距离较短	第一、二层测距
目测	所需时间较短，方便灵活	误差较大，精准率低	第二、三层测距
无人机	较为精确，直观利计算	局部特征不明显，成本较高	总体测距

（一）测量过程

图2-39　出发前的准备

在老师的带领下，我们在上午10：40首先进入第二层。从园区门口跟着步道往下走，经洞口探险、闪电门，到达南天门。

图2-40　南天门（左图）、万亩梯田（右图）

利用手机APP对焦对面与之水平的山崖，待数值相对稳定后直接读出数值并记录下所测数据约为30米。接着，在观景台位置，地势开阔，原本用手机APP再次进行测量，由于此地信号不好，所得数值波动较大，因此采用目测的方法。根据之前测量经验，我们估算出观景台至对面山崖距离约为50米。走下天梯来到万亩梯田，在洞口处通过小组成员的共同合作，用皮尺和手机APP来测量洞口宽度，综合取值为12米。因为第二层长度过长，用其他手段测量较为困难，所以我们使用目测来进行测量，取各小组成员平均值为165米，第二层高90米。至此，天坑第二层测量工作基本完成。

在12:30左右，我们又沿着步道，走至天乐堂码头，来到天坑第一层，一条支流从右侧汇入主河流，干流几乎贯穿整个第一层。我们用皮尺测得支流宽为14米，用测距仪测得主河宽为18.62米，再用手机APP一键测距测得数值在18米左右，于是我们综合数据测得主河流为18米。由于地形限制，无法用仪器直接测量，但通过老师的指导和实地考察，天坑像一个木盆，第一、二层长度差距不大，因此我们估测第一层长度仍为165米，高取60米。至此，第一层测量工作也已基本完成。

图2-41　天坑第一层主河流（左图）、第三层天坑（右图）

坐船逆流而上，辗转来到第三层，我们站在观景台上，对于第三层的宽及高，我们无法用仪器直接测得，所以我们还是选择目测的测量方法，最终取平均值宽为85米，高为110米，长为200米。到13:00左右，第三层测量工作基本完成。

（二）计算过程

利用割补法，将一、二、三层近似补全为三个长方体，如下图所示：

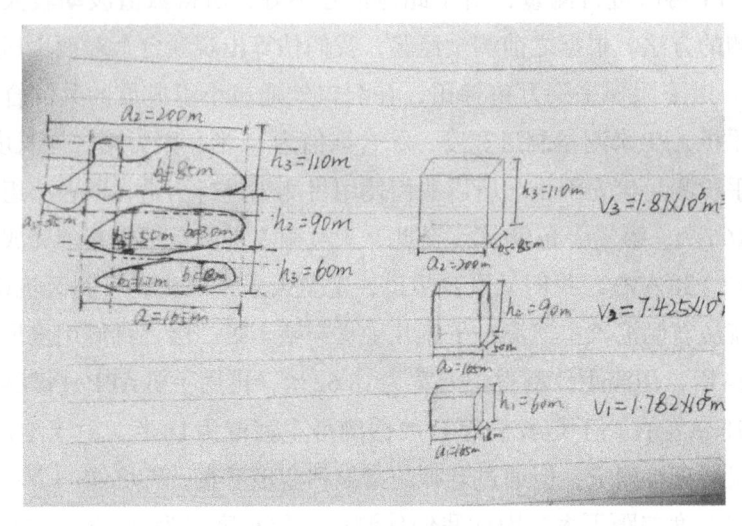

图2-42　天坑体积计算

V=SH=200×85×110+50×165×90+18×165×60=2790700m³

（三）反思

此次活动虽然结束了，但在研学过程中遇到的问题，还是值得我们探讨的。例如，由于地形和器材的限制，所测得的数据与真实值存在较大误差。并且在计算过程中，我们采用理想化模型来处理所得数据，这又使误差更大了。所以，今后我们要尽量使用较精准的仪器进行测量，细化计算过程，使结果更为精确可用。

（四）总结

这次活动尽管只有短短几个小时，但我们受益匪浅。不仅丰富了知识，拓宽了我们的眼界，更提高了我们的地理学科实践能力，培养了地理学科核心素养。此次活动让我们学会团结合作，合理分工。走进自然，了解自然，亲近自然，将书本与现实生活有机结合，锻炼了我们的知识运用能力、观察能力等。并且，通过这次活动，我们增强了对地理学科的学习兴趣，在我们的学习生涯中留下了难以忘怀的回忆！

四、猴耳天坑的开发和保护

作者：高如渊，莫峻杰；指导教师：雷显兵

摘要：2019年3月，国家发展改革委印发《2019年新型城镇化建设重点任务》，特色小镇的发展被提到了重要位置，乡村发展是新型城镇化发展的重点。美食、美景、美宿，逐渐成为人们出行旅游的标准。在此趋势下，乡村旅游具有很大的发展潜力。本研究选择了贵州省贵阳市开阳县的猴耳天坑，通过研究猴耳天坑的开发所带动的经济效益、生态效益、社会效益，结合开发和保护的原则，提出相关对策。

关键词：猴耳天坑；旅游开发；生态保护

猴耳天坑位于开阳县中部城关镇石头村，属于亚热带季风气候区。坑口直径300米，坑深280米，底下有暗河涌动，天坑两侧有峭壁。雨季时，会有飞瀑流泉产生。原始植被保存较好，有巨大地下洞穴和大量的钟乳石。干流流向有落水洞，洞口沿东南朝西北走向有断层。

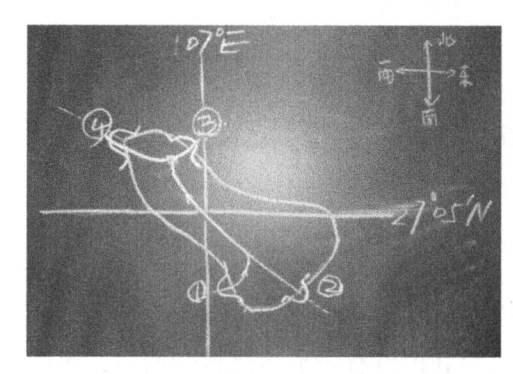

图2-43 猴耳天坑水文示意（左图）、断层（右图）

1. 猴耳天坑旅游开发现状

1.1 社会效益

近来，开阳县猴耳天坑突然爆红网络。自2018年7月，猴耳天坑"超级大秋千"首次运营，40天内有近4000人前往体验，在抖音获得了近2亿人次的关注，吸引了大量游客前往体验。自2018年8月之后，"超级大秋千"

进入提升阶段，暂停运营。2019年5月1日，"超级大秋千"再次试运营，短短4天时间，景区接纳了4000余名游客，300余名游客预约体验成功，获得了大量网友的关注和喜爱。猴耳天坑景区除了"超级大秋千"体验项目，还有天坑观赏、燕蝠宫、闪电门、万亩梯田、天瀑等19个优美景点，以及索道攀岩、洞穴探险、水上扁担等游玩项目。猴耳天坑自2007年首次开发来，一直不温不火，但自从"超级大秋千"等项目运营以来，猴耳天坑逐渐进入大众视野。目前，猴耳天坑正在考虑从食、宿方面扩大规模，投入第二期、第三期的项目开发，具有很大的潜力。

图2-44　猴耳天坑游玩项目

1.2 经济效益

2017年，猴耳天坑景区接待游客3万余人，据景区开发有限公司的负责人估测今年游客约10万余人。景区入口处内设有当地居民自营商户，通过对商家的采访，了解到大部分商户为当地居民，其月收入为1000~2000元，年收入约20000元左右。综合来说，猴耳天坑的开发不仅可以为有当地居民提供就业机会，还有利于提高当地经济水平。

1.3 生态效益

猴耳天坑植物种类共有28种，其中乔木灌木种类较少，草本植物种类较多。猴耳天坑原生植被属于中亚热带常绿阔叶林，常见的有常绿、落叶阔叶混交林。乔木层主要有青冈、山杨、板栗、枫香、樟树等，灌木层有杜鹃、马桑、火棘等，其中润楠是国家Ⅱ级重点野生保护植物。游客进入景区时可在欣赏天坑景观的同时学习有关植物知识，有很大的教育价值。

图2-45 猴耳天坑景区内植被

2. 猴耳天坑旅游开发存在的问题

2.1 交通不便利

从开阳县城通往猴耳天坑景区的道路比较狭窄，据估测只能并行通过一辆中型客车和一辆轿车，且需要慢行。

2.2 生态资源的保护不到位

景区内的万亩梯田有很壮观的沉积地貌——梯田。但该景点未被合理保护，而是任由游客踩踏，已造成一定破坏；溶洞内的钟乳石未得到有效的保护措施（如：未有警示牌及警告标语）；山路旁垃圾乱扔现象较严重。

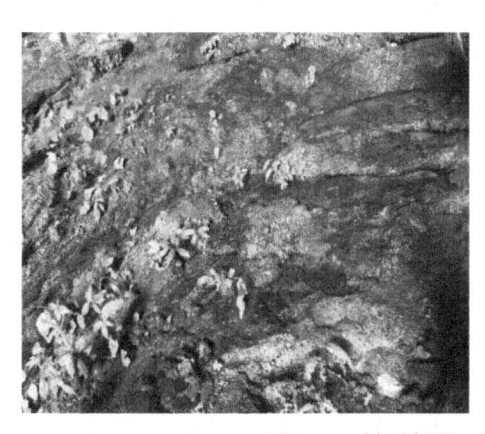

图2-46 被破坏的"万亩梯田"

2.3 客源市场小，接待能力弱

经过对景区经理的采访和游客的调查分析后发现猴耳天坑的知名度不够；市场竞争力相比贵州省其他天坑（如平塘天坑群）较小；景区内服务设施不完善（如：景区内的餐饮服务不到位）；人员配备不到位（如：景区内垃圾未得到工作人员的及时清理）。

图 2-47　景区中的安全隐患

2.4 游客安全存在隐患

景区气候较湿润，雨季容易导致山路湿滑，山路防护措施不规范，相关安全配备人员不到位；部分护栏已损坏，未得到及时修理，存在极大的安全隐患。

3. 猴耳天坑开发对策

综合分析猴耳天坑的社会效益、经济效益和生态效益以及目前存在的问题，其当前主要特征是市场竞争力小，供大于求，没有自发性的改变，服务设施和接待能力还不完善，处于旅游发展的起步阶段。

针对猴耳天坑存在问题，提出以下对策：在交通方面，建议扩宽并修缮道路；完善道路两旁的景区指示标志，通往景区道路的两旁荒地可以进行开发利用，如：种植樱花树或桂花树。在市场营销方面：邻近景区的村子可进行一定规模的特色文化建设，提供民宿、餐饮或娱乐等服务；加大宣传力度，可从猴耳天坑独特的景观以及当地的风俗，民族节日，科研价值，提供拍戏场景，探险挑战极限等角度拍摄宣传片；可将当地独特的风景、服饰、文化等元素进行设计制作成纪念品；提高并升级景区内娱乐、休闲、餐饮服务质量；提供露营场地。在安全措施方面：定期检查景区内的护栏损坏情况并及时维修；增加景区内安全人员的配备；在较危险及道路湿滑地段竖立警示牌提醒游客注意安全；完善应急措施。在猴耳天坑的生态保护方面：建议在万亩梯田景点处修建空步道，竖立警告牌禁止游客踩踏"万亩梯田"；建议在溶洞内张贴禁止触摸钟乳石等警示语，并设立防护栏；建议加强垃圾管理，保护河流、山路、森林的整洁。

总体来说，猴耳天坑的开发需秉持"金山银山不如绿水青山"的理念，采取多渠道、多形式、多文化的开发模式，为游客提供更多服务，让游客从中得到更多的体验感与满足感。开发的同时需注意人地关系的协调，坚持生态效益、经济效益和社会效益相统一，坚持开发、利用与治理、保护相结合的原则。

2.3.3 获奖情况

参加研学活动的学生将研学活动中所研究结果整理后，参加了贵州省青少年科技创新大赛和贵州省如兰杯论文大赛等，都获得不错的成绩。

图2-48　贵州省地理学会"如兰杯"论文评选二等奖（左图）、
贵州省青少年创新大赛二等奖（右图）

图2-49 贵阳市青少年科技创新大赛获奖

3 校际联合研学旅行
——遵义赤水

基于新的课程方案和地理课程标准，为培养学生探索和解决问题的能力、创新精神和实践能力，培养学生认识家乡、关注家乡、热爱家乡的家国情怀，培育学生的地理学科核心素养，同时为了加强地理学科与历史学科的学科融合，利用好贵州本土的红色旅游资源，引导学生学习党史、学习革命先烈的革命精神，感受红色文化精神，体会红色文化内涵，增强学生的责任感与使命感，厚植爱国主义情怀，落实立德树人的根本任务，选择"赤水四渡赤水纪念馆、青杠坡战役遗址及红军烈士陵园、赤水十丈洞瀑布景区、丙安古镇"一线开展研学活动。

在研学活动开展之前，确定学生参观学习研究内容和教学内容，需要注意的安全问题；再精选参加研学活动的学生，对其进行专业知识和野外考察实践技能以及安全教育培训；最后带领学生开展研学活动，主要对各个研学点红色文化、红军革命活动历史文化等内容，以及地形、地貌、生物等自然地理要素，旅游资源开发与保护等方面进行综合考察。

3.1 研学准备

野外研学考察活动的开展，需要先制定研学方案、任务，做好背景资料、图件、物资等准备，确定参与考察人员及人员分工，做好安全教育和预案，为参加的学生进行行前培训等等，以上这些我们统称为研学准备。做好研学准备，利于研学活动的有序开展，降低突发事件的发生，便于更好地完成整个野外研学考察活动，达到预期的研学目的。

3.1.1 "红色赤水"联合研学方案

贵州省赤水市位于省西北部，北接川南，东邻重庆，是黔北通往巴蜀的重要门户。赤水风景名胜区是国务院唯一以行政区名称命名的国家级风景名胜区，旅游资源独特而丰富，由自然生态资源和历史文化资源组合而成。景观以瀑布、竹海、桫椤、丹霞地貌、原始森林等自然景观为主要特色，兼有人文景观和红军长征遗迹。

一、目的和意义

培养学科核心素养，加强地理学科与历史学科之间的学科融合教学，利用好贵州本土的红色旅游资源，引导学生学习党史，厚植爱国主义情怀，落实立德树人的根本任务，提升学生的自学能力、创新精神和实践能力以及团队合作精神。

二、研学路线介绍

1. 四渡赤水纪念馆

四渡赤水纪念馆位于贵州省习水县土城镇，是全国爱国主义教育示范基地，全国青少年教育基地，国家国防教育示范基地，国家4A级旅游景区。四渡赤水纪念馆由中央军委原副主席张震将军题写馆名，在红军三军团司令部旧址内陈列展出，旧址为二层中西合璧式建筑。展厅建筑面积620m^2，分战史陈列和辅助陈列两部分。其中，战史陈列这部分详实地再现了红军1935年1月遵义会议后在毛泽东等的领导下，四次飞渡赤水河，至5月9日渡过金沙江，取得战略转移伟大胜利的光辉历史。主要分为土城战役、四渡序曲，一渡赤水、扎西整编，二渡赤水、再占遵义，三渡赤水、调虎离山，四渡赤水、出奇制胜等五个篇章，凸显了四渡赤水的"神"与"奇"。

2. 青杠坡战役遗址及红军烈士陵园

青杠坡战役遗址位于贵州省习水县土城镇青杠坡村，距土城镇东北约3km。青杠坡山势陡峭，山峦起伏，是土城通往东皇店镇（今习水县城）的交通要道，扼守川黔通道的咽喉。以青杠坡战斗为核心的土城战役，是毛泽东同志在遵义会议后亲自指挥的第一仗，2002年，老红军、中央军委原副主席张震将军题写了"青杠坡红军烈士纪念碑"碑名。有2000名红军指战员与战士牺牲在这里。青杠坡烈士墓是贵州省所有红军烈士墓中安葬红军烈士最多的一个。

3. 赤水丹霞世界遗产地和赤水大瀑布

贵州赤水丹霞国家地质公园位于贵州省赤水市，地处四川盆地南缘，紧靠黔北大娄山北麓，扬子准地台西部，是青年早期丹霞地貌的代表，其面积达1200多km²，是全国面积最大的丹霞地貌。赤水丹霞含一个国家级自然保护区、两个国家森林公园和一个国家级风景名胜区，并处在长江上游珍稀特有鱼类国家级自然保护区的核心区。主要包括赤水国家级风景名胜区十丈洞景区、丙安竹海景区、赤水桫椤国家级自然保护区和赤水竹海国家森林公园。

赤水丹霞与湖南崀山、广东丹霞山、福建泰宁、江西龙虎山、浙江江郎山等六大著名丹霞地貌景区组合成为"中国丹霞"，并在第34届世界遗产大会上通过表决，成为我国第八个世界自然遗产项目。

4. 赤水大瀑布景区

又名十丈洞景区，位于贵州省赤水市南部，赤水河支流风溪河上游，离赤水城区30余km，国家5A级景区，赤水国家级风景区名胜区的重点组成部分。赤水大瀑布景区是"赤水丹霞"申报世界自然遗产的核心组成部分之一。十丈洞大瀑布高76m、宽80m，是我国丹霞地貌上最大的瀑布，也是我国长江流域上最大的瀑布。

5. 丙安古镇

丙安古称丙滩，因位于赤水河中游川黔闻名的大险滩丙滩而得名。丙安古镇位于赤水市中南部，东与葫市镇接壤，南与两河口乡相连，西与复兴镇共界，北与旺隆镇相邻，赤水河依畔而下，习赤公路至东向西穿境而过，是赤水连接黔中各地的必经之路。古镇是中国历史文化名村、贵州省历史文化名镇，也是全国百个红色旅游经典地之一，以丙安古镇为中心的丙安风景名胜区是赤水八大景区之一。丙安古镇自古以来为川盐入黔著名驿站和商品集散地，被专家学者誉为"明清建筑与历史的活化石"，具有"千年军商古城堡"之美誉。

三、研学考察前安全教育与行程安排

在考察前于2019年6月2日在师大附中和贵阳一中分别召开研学活动家长会，让学生家长了解研学目的与行程，并与家长签署安全协议。对参加研学的学生进行分组，确定每个组的负责老师，并进行安全教育和纪律要求。

向参加研学的学生介绍行程和研学点，并就每个研学点需要学习和研究的内容做简单介绍。进行相关知识的讲解和培训，确保研学安全、有效完成，以及研学成果的达成。

四、研学内容

1. 参观四渡赤水纪念馆，聆听纪念馆讲解员的讲解，学习长征历史；
2. 参观青杠坡战役遗址，祭奠红军烈士陵园，缅怀革命先烈，感受革命精神；
3. 参观赤水丹霞，了解丹霞地貌特点、成因；
4. 参观孑遗植物桫椤，探索赤水成为桫椤"避难所"的原因；
5. 参观丙安古镇，了解聚落与交通、自然环境之间的关系；
6. 研究赤水旅游开发遇到的问题和可采取的措施。

五、野外考察安排

1. 时间：2019年6月6日至6月8日。
2. 参与人员：
◆指导教师：
贵阳一中：卢履智，王　敏
师大附中：涂　莉，刘成名，张琼芳，朱　鑫
◆参加学生：
贵州师大附属中学：王婕君，黄晨炜，袁媛，李明衡，王思淇，谢谭瑶，靳钰垲。
贵阳一中：徐纯航，胡渼浛，班陈榕，班子欣，刘娅婕，梁玉红，梁姚瑶，冉旻晟，杜叶子，彭之乐，梁子琦，侯先媛，陈梦芸。

2019年6月1日

3.1.2 组织准备

充分查阅收集赤水研学旅行资源并进行分类，结合学生兴趣和学习需求，确定研学地点，做好行程规划（表3-1）。

一、研学选题

1. 赤水红色精神的传承形式、四渡赤水的精神及其传承；
2. 赤水丹霞风景区的宣传推广、赤水丹霞风景区地质研究；
3. 赤水丹霞风景区人文历史研究；
4. 丙安古镇古建筑的保护与开发、丙安古镇历史文化研究。

二、宣传、招募、筛选学员

将参加学员四人分为一个小组，以小组为单位，完成备选课题或自拟课题的研究性学习形式来开展活动，充分感悟和探究长征期间红军在贵州的英勇事迹和革命精神。

表3-1　赤水红色文化研学旅行行程设计准备

时间	行程
6月6日	8：00 — 贵阳一中集合出发前往赤水，车上进行二次安全教育与破冰活动 12：00 — 午饭（特色豆花饭） 12：30 — 由导游带领，参观四渡赤水纪念馆、土城青杠坡战役遗址及红军烈士陵园（全国第一个为纪念"四渡赤水"战役中牺牲的红军烈士而修建的陵园，以其展现"四渡赤水"长征文化的真实性、完整性和独特性），聆听导游讲解，瞻仰烈士陵园。 18：00 — 集合，乘车回到城区 18：30 — 晚饭（当地土家菜） 19：30 — 回到宾馆，同学们适当休息 21：00 — 租借会议室，举办研究讨论会 研究讨论会具体内容： 课题讨论：①各小组汇报初步研究成果 ②分享展示：研学精彩瞬间分享 23：00 — 休息
	8：00 — 早餐（宾馆） 8：40 — 乘坐大巴车前往赤水大瀑布景区研学参观。赤水大瀑布景区是"赤水丹霞"申报世界自然遗产的核心组成部分之一，十丈洞大瀑布高76m、宽80m，是我国丹霞地貌上最大的瀑布，也是我国长江流域上最大的瀑布 12：30 — 午饭（瀑布冷水鱼） 14：00 — 参观丙安古镇 15：00 — 丙安古镇内自由活动 活动：安排游戏，比赛总结丙安古镇的特点及历史

（续表）

时间	行程
6月7日	16：00 — 回程，车上同学们可分享当日学习活动成果 17：00 — 晚饭（端午节特色地方餐食） 18：00 — 回到宾馆，自由组织报告联欢会节目 19：00 — 小组分配任务，租借会议室，开始报告联欢晚会，并在晚会结束后评选优秀小组与优秀学员、发表结束陈词 22：00 — 拍照留念 23：00 — 休息
6月8日	8：00 — 启程返回贵阳。在车上组织学生发表参加本次活动的感想，课题小组成员做好记录工作，根据情况组织观看《红色贵州》等纪录片。抵达贵阳一中、贵州师大附中后解散，活动结束

3.1.3 学生物品准备

1. 生活必需品：个人洗漱用具、水杯、防晒物品、纸巾、衣服、雨具等。
2. 小药包：感冒药、腹泻药、晕车药、清凉油、创可贴等。
3. 研学工具：日记本、笔、访谈表、照相机、录音录像设备等。
4. 其他：学生证、身份证或户口本等重要证件，旅行包、零花钱、零食、移动设备等。

3.1.4 行前安全教育

在教师指导下，学生自主完成研学行前家长会暨动员会策划（见图3-1），重点组织开展行前教育，做到严格活动要求、严肃安全教育。

（1）服从管理：严格服从管理，严格遵守活动纪律，遵守团队活动秩序，遇事多商量，集体行动。

（2）旅行安全意识。①人身安全：活动过程中切记不要单独行动，远离危险场所，学员的小组活动也应先征求老师同意方可进行，并时刻保持手机畅通。②财产安全：不携带大量现金、大数额银行卡，做到随身物品不离身。③饮食安全：不吃不健康食品。④交通安全：遵守交通规则，走路过程中不打闹、不喧哗。

（3）团队意识：不但要确保自己的安全，还要关心整个团队的安全，营造安全、温馨的研学环境。

（4）活动结束返回贵阳后学生有序离开，自行回家，到家后第一时间向老师、家长报平安。

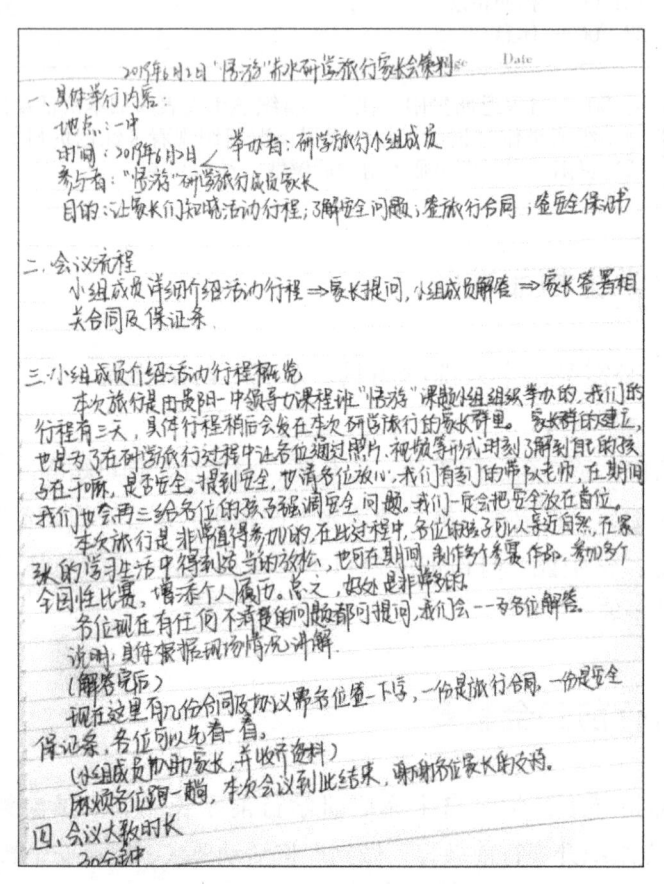

图3-1 学生拟定的行前安全教育暨家长会策划

3.1.5 紧急预案

1.意外伤害

学生出现身体不适状况（骨折、生病等），小组应立即联系当地医院，如赤水市人民医院（位于遵义市赤水市公园路8号），联系电话为0851-22821168。特别注意：学生外出期间，应随身携带小药包（包含感冒药、腹泻药、晕车药、清凉油、创可贴等）。学生以及学生家长手机应时刻保持畅通状态。

2.人身安全

学生应跟随队伍、结伴而行。如出现走失等情况，立即与其家长联系，同时迅速报警。

3.其他

要尊重当地民俗习惯，尽可能避免与当地人发生冲突。若确有发生，由带队老师出面调解，语言措辞温和有礼。若情况严重，联系景区协调部门或当地乡政府帮助协调。

3.2 研学过程

2019年6月6日，贵阳一中12名学生与贵州师大附中7名学生，在张琼芳、朱鑫、卢履智、王敏、涂莉、刘成名等老师的带领下和一名导游的陪同下，赴贵州赤水开展研学旅行活动。

3.2.1 第一天：研学赤水红色文化

两校师生在四渡赤水纪念馆，认真聆听精彩解说（见图3-2左图），采访工作人员，通过聆听讲解，观看文物展示，同学们对于"长征是宣言书，长征是宣传队，长征是播种机"（见图3-2右图）有了更深刻的体会。

图3-2　师生聆听四渡赤水战役解说（左图）、四渡赤水纪念馆中保存的红军标语（右图）

在青杠坡战役遗址，同学们观察了周边的地形地势，分析此地适合打伏击战的地形条件；并在红军烈士陵园纪念碑前默哀致敬，向烈士墓献花以缅怀革命先辈（见图3-3）。夕阳西下，学子轻轻拂去红军烈士墓的尘埃，与烈士展开了一场场穿越时空的对话……

图3-3　两校学子向红军烈士墓鲜花并默哀

以下是部分同学的"游中所悟"。

通过近一个半小时的参观研学，我们深深地感受到此刻的幸福生活来之不易。在一幅幅泛黄的照片、一封封悲壮的遗书面前，大家不约而同地停下脚步，或低语默念或凝神沉思，无不被前辈无产阶级革命家和革命先烈们为寻求民族独立解放而舍家为国的情怀所感动，无不被"信仰的力量"所鼓舞。一首坚贞不屈的诗作和一段前赴后继的红色故事，彰显了老一辈无产阶级革命家和革命先烈的忠心赤胆和爱党爱国的心路历程。在他们心中，党的事业、革命的理想是神圣而至高无上的。

——A组学生

我们在贵州的土城和丙安，在红军四渡赤水的主战场沿着红军四渡赤水的足迹，追忆那段峥嵘岁月。"什么是路，就是从没路的地方走出来的，从只有荆棘的地方开辟出来的。"1935年1月，中国工农红军长征队伍到达土城，以土城浑溪口为主要渡口，挥师一渡赤水河，揭开了红军"四渡赤水"的光辉篇章。如今，这里小桥流水，绿树成荫，在这炎热的盛夏，终于感受到丝丝凉意，这一棵棵古老榕树也见证着古镇的沧桑与古朴。

四渡赤水是红军长征以来最惊心动魄的军事行动。这短短的时间，令人意犹未尽的激扬解说和攀上到青杠坡的震撼和激励，让我们真真切切地了解到当年的艰苦斗争，才会更珍惜今天的幸福生活。这一处处红色景点，让爱国主义教育潜移默化地根植于我们新时代青年的心里。在接受爱国主义教育的同时，多彩贵州的山川美景和秀丽风光，如诗如画般地陶冶着我们的心灵，令人流连忘返。

——B组学生

在阳光下行走，也在风中驶过，所见的是蓝天下的群山，也有博物馆的丰富展品。除了收获旅游见闻，也更启发我们的讨论与思考。比如说我们热情飞扬地讨论太阳方位、太阳高度、地质结构，老师与同学的课堂从教室转移到旅途，我们才明白何为学以致用。但是我们也发现不论做题时的知识再如何熟悉，运用于现实生活时却总是迷惑的，经过讨论得出结论，便收获了如同解出数学难题的快感。希望以后也能多有这种机会，在生活中运用所学，在实践中拓展学习。

令人印象最深刻的，还有站在红军烈士纪念碑前的缅怀时刻，各种复杂的情绪涌上心头，但更多的，是感动。革命先辈们抛头颅、洒热血，倾尽最后一滴血，为我们换来了如今的幸福生活，叫我们如何不感动，如何不感激！同学们在老师的带领下，站在烈士墓前默哀了许久许久，洁白的鲜花、九十度的身姿、庄严的气氛，以及一行人庄重的表情，无一不触动着我们的心。

——C组学生

不论是四渡赤水纪念馆还是青杠坡战斗遗址，时隔了数十年，似乎仍然可感受到当年激烈战斗的硝烟。当自己踏着夕阳，摘下帽子，手持一束洁白的雏菊献给为我们换来和平与幸福的革命烈士时，心中充满着崇敬。

贵州于中国之革命，是艰难，是困苦，更是转折。八十多年前，扛着汉阳造、穿着草鞋、吃着树根的战士们翻山越岭，面对数倍于甚至数十倍自己的敌人，毫无畏惧，只是耸耸肩，拿起武器投入一次次激烈的战斗，视死忽如归……

"国破尚如此，我何惜此头。"中国共产党能带领中国人民走向胜利，这些人、事、物就是答案。20世纪在东方，最激动人心的就是中国从东方睡狮到东方巨龙这一历史命运的转折。中国工农红军穿越万水千山，既要摆脱数十万国民党大军的围追堵截，又要面对共产党内部的分歧。正是通过万里长征这一中国共产党人的炼狱，通过严酷的围堵、不尽的跋涉、惊人的牺牲形成的地狱之火，最终完成了中国历史最富史诗意义的壮举，而我们的党也从苦难走向辉煌，成为一只火中凤凰。就这样，一个民族，开始了伟大的复兴。

时光易逝，精神犹存。希望通过今天的参观能使自己的认识更加深入。

——D组学生

3.2.2 第二天："悟游"赤水

2019年6月7日，贵州师大附中、贵阳一中23名师生继续在赤水市开展研学旅行。"悟游"赤水，前往当地自然地理环境的典型代表——赤水大瀑布。考察自然地理环境，体验人文地理特征。

一、游世界遗产地，观丹霞地貌

在参观世界自然遗产地赤水丹霞之前，老师先为同学们介绍了什么是丹霞地貌、什么是世界遗产。

丹霞地貌即以陆相为主的红层发育的具有陡崖坡的地貌，也可表述为具有陡崖坡为特征的红层地貌，它由水平或变动很轻微的厚层红色砂岩、砾岩所构成，因岩层呈块状结构和富有透水的垂直节理，经流水向下侵蚀及重力塌陷作用形成陡峭的峰林或方山地形，具有顶平、身陡、麓缓的形态特征。

图3-4 赤水丹霞地貌

世界遗产即被联合国教科文组织和世界遗产委员会确认的、人类罕见的、目前无法替代的财富，是全人类公认的具有突出意义和普遍价值的文物古迹及自然景观。《实施〈世界遗产公约〉操作指南》提出的"突出的普遍价值的评估标准"共十条，为：

（1）作为人类天才的创造力的杰作；

（2）在一段时期内或世界某一文化区域内人类价值观的重要交流，对建筑、技术、古迹艺术、城镇规划或景观设计的发展产生重大影响；

（3）能为延续至今或业已消逝的文明或文化传统提供独特的或至少是特殊的见证；

（4）是一种建筑、建筑或技术整体、或景观的杰出范例，展现人类历史上一个（或几个）重要阶段；

（5）是传统人类居住地、土地使用或海洋开发的杰出范例，代表一种（或几种）文化或人类与环境的相互作用，特别是当它面临不可逆变化的影响而变得脆弱；

（6）与具有突出的普遍意义的事件、活传统、观点、信仰、艺术或文学作品有直接或有形的联系。（委员会认为本标准最好与其它标准一起使用）；

（7）绝妙的自然现象或具有罕见自然美和美学价值的地区；

（8）是地球演化史中重要阶段的突出例证，包括生命记载和地貌演变中的重要地质过程或显著的地质或地貌特征；

（9）突出代表了陆地、淡水、海岸和海洋生态系统及动植物群落演变、发展的生态和生理过程；

（10）是生物多样性原址保护的最重要的自然栖息地，包括从科学和保护角度看，具有突出的普遍价值的濒危物种栖息地。

2008年赤水丹霞、福建泰宁、湖南崀山、广东丹霞山、江西龙虎山、浙江江郎山一起加入"中国丹霞"申报世界遗产行列，2010年在巴西首都巴西利亚召开的第34届世界遗产大会以满足vii、viii条标准成功列入世界遗产名录。

在讲解完丹霞地貌的成因和特点后，同学们围绕地貌特点和世界遗产标准展开了研学活动。

图3-5 学生在研究丹霞地貌节理和风化物

二、观植物"活化石",探环境变化

在赤水大瀑布景区引导同学们观察侏罗纪孑遗植物桫椤(桫椤曾经和恐龙同时生活在地球上),并告诉他们赤水具有亚洲最大的桫椤分布区。赤水有距今1.8亿年的植物仍然在生存,证明了赤水丹霞的古地理环境与现代环境相似,而且高大山体的隔离作用为当地特有物种的形成提供了可能,减少了人类活动的干扰。

图3-6 学生在观察桫椤形态特征

三、行于飞瀑之下,悟赤水自然魅力

赤水大瀑布以我国长江流域最大的瀑布、世界丹霞地貌上最大的瀑布闻名于世,也是赤水丹霞自然遗产的核心景区之一。在竹林云海、潺潺山涧中行进,出于人类亲水的天性、对自然的向往,对大瀑布的期待让同学们不约而同地加快了前进的步伐。而对自然充满着无限好奇心的同学，眼中都是美景、都是惊喜。最后大家兵分两路，由贵阳一中卢履智、师大附中涂莉两位老师带领同学们加快脚步、循声寻瀑；由贵阳一中王敏、师大附中刘成名两位地理老师压队，一路走一路讲解绝美的丹霞地貌景观。

图3-7　贵阳一中、师大附中学子考察赤水大瀑布合影

为什么上下游的河水会呈现出不同的颜色？为什么诸多赤红的巨石静静躺在河谷？明明是晴天为何山谷中却水雾弥漫？处于季风气候区的大瀑布为何流量"四季差异不大"？老师带领学生，实地开展以问题为导向的研学活动，边走边讲，边讲边找寻支撑解释地理环境形成原理的证据，或远观、或近距离触摸、或小心翼翼地科学采样……将理论课堂搬至山川河谷，自然的魅力不言而喻。地理学对人类求知欲的满足、对地表实体与地表现象的解释力度在师生一问一答、驻足探讨的深度互动中体现得淋漓尽致！

图3-8　由于风化作用崩塌在河道中的巨石

在深度研学体验中，师生在学识、思想领悟上碰撞出了灵感的火花：

"山行六七里，渐闻水声潺潺而泄出于两峰之间"，是为赤水瀑布行最大感受。无论是深红的土壤，断裂的巨石，抑或是古老的桫椤，皆带来了一种新奇与快乐感。深山幽谷，在栈道中左右穿行，身旁轰鸣水声作乐，路旁林中虫鸣作诗，我旁挚友高歌助兴，岂不美哉？

徐行至瀑布旁，迎面而来的除了轰鸣，更有水汽，直逼面庞，无法睁眼；闭上眼，张开嘴，去感受它给你带来的生命律动；倾斜而下的水流冲击着你的身心，水声、水雾、人浑然一体，仿佛身处另一时空。以其境过生，不可久待，乃随后而去。衣裳虽湿，却打湿不了心中激情之火。若有来日，必重游此地，再次感受那别样的冲击。

——D组学生

四、寻访千年古镇，探丙安人文精华

丙安古镇被列入全国首个红色旅游经典地，是中国历史文化名村、贵州省历史文化名镇。丙安古镇自古以来为川盐入黔的著名驿站和商品集散地，被专家学者誉为"明清建筑与历史的活化石"，具有"千年军商古城堡"之美誉。

在古镇，研学师生分为四个小组，以小组为单位根据各组的研究项目和兴趣点开展调研活动，深度考察古镇位置与建筑特色，访谈红一军团纪念馆的工作人员、当地德高望重的老者，游走于步行街探究地方饮食及产业文化特色，适度的自由让学生充分体验探究，生成了研学课程计划之外的惊喜收获。在研学过程中，同学们还在古镇发现一处河流相二元结构的地层剖面，可以看出沉积物上层为细粒泥沙形成，下层为较粗的砾石沉积物。它形成的原因是洪水期河流断面扩大，引起河漫滩洪水流速减小，洪水携带的细粒泥沙覆盖在河床沉积物上，形成下部为粗砂和砾石组成的河床沉积物，上部为细沙或黏土组成的河漫滩沉积物。

图3-9 河流相二元结构的沉积物

B组师生对丙安古镇的"食住行"开展了深入挖掘。

丙安古镇历史悠久，是个典型的川南黔北交界的古老场镇。当我们进入时就会发现与青岩古镇、大理古镇不同，它保留大量古城堡的原貌。因为中低山分布较广没有宽阔的平地，因此丙安人采用非常独特的吊脚楼建筑技术：借山势，巧用涵洞，就地采用木、石建材，建造出一幢幢悬空拔起十几米高的吊脚楼，辟建出平直弯曲、高低起伏、错落有致的古石板街道。据我们采访的当地老人说，吊脚楼自古以来没有发生过一起倒塌事故，这看似弱不禁风的吊脚楼实则稳如磐石，数百年矗立不动。我们对建造此建筑人们的才能和智慧惊叹不已！

图3-10 丙安古镇吊脚楼（左图），丙安古镇非物质文化 —— 油纸伞（右图）

　　特色美食手工工艺是丙安古镇的一大亮点。烤丹霞蟹就是丙安古镇的特色小吃。丹霞蟹是当地的村民去山间的小溪中抓的，个头虽然小，但是味道特别鲜美。黑冰粉也是丙安古镇的特色小吃：把一种植物的种子（冰籽）用纱布包好，放在干净的水里面不停地搓揉，搓揉过程会产生出黏液混在水里，然后加上一点点薄荷，取出纱布包裹的冰粉籽，过不久这些混合物就变成透明的浅褐色的凝固物，晶颤颤的非常诱人。因吃时有冰凉的感觉，形状又像冰粉，从而得名黑冰粉，再加上一点花生米和芝麻，特别地好吃。刚入口时有种涩涩的味道，吃到后面才有点甜。这样的味道可能是要我们体会一下当时红军那种先苦后甜的味道，感受红军四渡赤水的艰难。

　　赤水恒艺油纸伞源于唐朝年间，至今已有一千多年的历史了，是中国仅存的唯一一家保持桐油、石印传统工艺纸伞生产的企业。"恒艺红军油纸伞"传统制作技艺被专家誉为"中国民间伞艺的活化石"，也是油纸伞行业中唯一的"国家级非物质性文化遗产"，历史非常悠久。完成一把油纸伞需要一百多道工序，多道手工制作。在红军四渡赤水时还曾作为红一军团的军伞，可以说是参加过血雨腥风的战斗，见证了新中国的诞生，这让我们小组的成员感觉研究它非常有意义，也让我们重温了红军四渡赤水这一伟大而又光辉的历史岁月。

　　同学们还通过在丙安古镇研学，了解了交通运输方式对集镇发展的影响和对聚落形态的影响。丙安古镇在以前之所以比较繁华的原因是它位于赤水河边，以前赤水的主要交通运输方式为水运。位于水陆交通的集散地，由于主要的交通方式为水运，因此丙安古镇的形态沿河流延伸，呈条带状。

图3-11　赤水河和丙安古镇

一座城就是一个故事。当我们站在这座城，便能想到那个故事。那些印有红军战士驻地的门号，总是把我们的思绪牵到几十年前。小镇上的红军纪念馆里陈列着很多当年红军在这里打仗留下的东西，我们通过墙上的照片了解到了关于小镇的很多故事。

3.3 研学成果

每一次研学活动的开展，师生在积极参与的基础上，都得到了很多收获。对于这些收获，可以进行总结展示，如现场汇报考察心得、撰写活动简报等。

3.3.1 成果展示

2019年6月7日下午，同学们在结束在丙安古镇的研学活动后，集体回到所住的酒店。各个研究小组整理自己小组的研学项目，并对所研究的课题进行了汇报，四位指导老师对各小组的研究课题提出了建议和意见，并评出了最优研究小组。

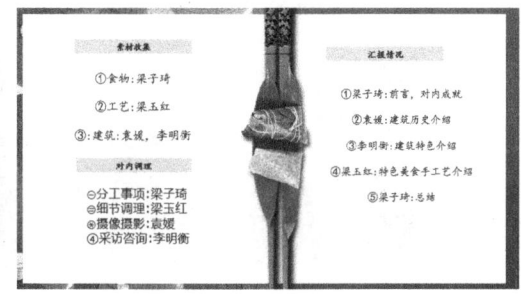

图3-12　学生在进行研究课题汇报（左图），学生汇报PPT截图（右图）

这次研学活动，使学生对革命先烈的英雄事迹有了更直观深刻的了解，培养了学生爱党爱国热爱家乡的情怀；同时培养了学生的地理核心素养，增强了团队合作意识；真正做到了有所悟，有所得，达到了预期目标。

3.3.2 活动简报

贵州赤水研学活动

（贵州师范大学附属中学金儒成教师工作室　第009期　2019年6月10日）

2019年6月6日至6月8日，金儒成教师工作室成员刘成名与我校涂莉、张琼芳、朱鑫老师，以及贵阳一中王敏、卢履智老师带领师大附中7名学生和贵阳一中12名学生去赤水市举行了两校联合研学活动。

此次研学活动在出发之前做了详细的规划方案，做了多次安全教育，并得到学校领导的同意和支持。除此之外，还联系了有关单位，得到赤水市四渡赤水纪念馆、赤水十丈洞景区管理处的支持，使得活动顺利进行。

一、参观四渡赤水纪念馆，青杠坡下祭英烈

6月6日，两校师生参观了四渡赤水纪念馆，认真聆听了纪念馆讲解员老师对四渡赤水历史事件的讲解，并且参观了许多当时的文物和照片，同学们对四渡赤水和长征历史有了更深刻的认知。

图3-13　参观四渡赤水纪念馆

参观完四渡赤水纪念馆，两校师生又去参观了青杠坡战役遗址，在红军烈士纪念碑前默哀三分钟，向革命烈士墓献花，缅怀革命烈士，向为新中国的建立抛头颅洒热血的革命先烈致敬。

图3-14　参观青杠坡战役遗址

在参观青杠坡战役遗址的时候，刘成名老师和王敏老师为两校同学们讲解了地形与战斗的关系，以及太阳视运动轨迹。同学们学会了根据太阳方位判断方向的方法。

二、赏瀑布揭丹霞奥秘，游丙安探古镇往事

6月7日，两校师生在十丈洞瀑布研学。在游览过程中，贵州师大附中涂莉老师和贵阳一中卢履智老师在队前负责安全事务，贵州师大附中刘成名老师和贵阳一中王敏老师为同学们讲解丹霞地貌的特点、成因。同时，就学生在研学过程中发现的问题，比如河水含沙量的变化、瀑布的成因、桫椤的遗存等问题逐一向学生做了讲解。

图3-15　赏瀑布揭丹霞奥秘

结束十丈洞瀑布研学后，两校师生来到丙安古镇。同学们首先缅怀了位于古镇的红一军团纪念馆，然后分组去探究古镇区位与建筑特色、地方产业与文化特点，采访红一军团纪念馆的讲解人员和镇上长者，探究红军的历史等课题，取得了丰富的第一手资料。

图3-16　学生汇报

结束丙安古镇研学回酒店后，两校学生的各个研究小组将自己这两天研究的课题成果做了汇报，如丙安古镇的产业发展、赤水市旅游开发条件和遇到的问题等课题；再由两校带队教师进行了指导，提出了改进建议，并要求各个小组在今后两到三个月将本组课题继续进行深入研究。

此次研学活动落实了地理学科核心素养，提升了学生的地理实践能力与区域认知能力，提高了学生的爱国主义情怀，培养了学生的合作精神，取得了丰硕研学成果。

4 参观学习型研学

——贵阳气象站

地理实践力是地理学科核心素养的重要内容。学生在真实情境中自己动手、观察和感悟地理环境与人类活动的关系，是提升地理实践力的有效途径。

高中地理教学中，大气学是重要内容之一。在高一阶段学生已经学习了大气运动的基本原理，对大气运动基本规律有了一定的学科基础，但大气运动学习中涉及的气压、气温、降水、风等气象要素比较抽象。通过对气象站进行研学实践，认识日常的气象变化，识别气象数据收集工具并了解气象数据收集的一般方法，可以更加直观地认识这些气象数据；另一方面，结合实际气象数据和课堂所学相关知识解释相关地理原理和规律，可以提高学生的知识迁移和应用能力。基于此，我们选取了贵阳市东山气象站作为考察点，根据实际情况带领20名学生进行研学考察，主要考察并探究气象站的选址条件、气象要素数据的测量和收集、天气预报的一般制作流程等内容。

4.1 研学准备

研学活动的开展，需要制定研学方案，做好背景资料、图件、物资等准备，确定参与的考察人员及人员分工，做好安全教育和预案，我们统称为研学准备。做好研学准备，利于研学活动的有序开展，及时地处理突发事件，更好地完成整个研学活动，达到预期的研学目的。

4.1.1 活动方案

贵阳市气象局于1992年6月经省气象局下文成立，既是省气象局的下属单位，又是市政府的工作部门。贵阳东山气象站和贵阳市气象台是贵阳市气象局两个下属部门，其中气象站主要承担本区域的高空气象观测及地面气象观测等工作；气象台主要承担辖区内天气、气候、气象灾害等的气象监测、雷达观测、分析、预报、预警、服务、科研等工作。

一、目的和意义

新课程标准提出的地理学科核心素养中，把地理实践力作为重要内容。考察、实验、调查等是地理学重要的研究方法，也是地理课程重要的学习方式。通过气象站考察，让学生更好地在真实情境中观察和感悟地理环境及其与人类活动的关系，增强社会责任感。

高中地理教学中，大气学是重要内容之一。在高一阶段学生已经学习了大气运动的基本原理，对大气运动基本规律有了一定的学科基础。通过气象站研学实践，可以认识日常的气象变化，知道气象数据收集的一般方法，识别气象数据收集工具，熟悉天气预报的一般流程。

二、活动时间和地点

活动时间：2019年1月6日上午

活动地点：贵阳市气象局东山气象站

三、出发前准备

1.活动人员

（1）指导专家：

1）贵阳市气象台台长：李杨（高级工程师）；

2）贵阳市气象站站长：吴有恒（工程师）；

3）贵阳市气象站副站长：张杰（工程师）；

4）贵州师大附中副校长：陈红生（正高级教师）；

5）贵州师大附中副校长：邓华（正高级教师）。

（2）带队老师：金儒成，雷显兵，罗家杨，刘成名，罗卫，张琼芳，朱鑫

（3）参加学生

1）第一组：王思淇，黄心怡，冯志艳；

2）第二组：陈子浦，王瑜玮，黄加静；

3）第三组：吴炬，刘铠硕，唐文皓；

4）第四组：付雨婷，周永芬，郑康；

5）第五组：薛勇，孙科；

6）第六组：杨元琦，王婷，罗晨昕。

2. 注意事项

（1）学生自备往返车费；

（2）参与人员保证身体健康，出发前应休息好，不得隐瞒重大疾病；

（3）参与人员中途不得无故离开；

（4）严格执行安全规定，必须遵守纪律，听从老师的安排；

（5）学生如有身体不适，应立即报告老师；

（6）按期完成研学各项任务。

四、活动内容

时间/地点	活动内容
5日下午 （附中宝山校区）	①行前课：气象预报及气象数据收集 ②根据研学活动内容进行小组划分，分配研学任务
6日9：00 （东山气象站大门）	①集合 ②强调活动目的及要求，分发活动工具
6日9：00~12：00 （东山气象站）	①通过了解贵阳气象站搬迁原因，分析气象站的选址条件 ②观察气温测量仪器和地温场，了解地温和气温的测量 ③观察降水测量仪器和风塔，了解降水和风向、风速的测量 ④听取气象台专家讲座，了解天气预报制作的一般流程，进入贵阳气象影视中心演播厅，体验天气预报播报员
报告上交时间待定	学生总结交流，撰写研学报告

五、经费预算

包含专家培训费和现场指导费等。

贵州师范大学附属中学金儒成教师工作室

2020年1月2日

4.1.2 行前培训

在活动开展前进行安全教育，并将参加考察活动的同学分组，分配每个小组的研究任务及成果要求，每组一位指导教师负责安全和考察指导工作，在出发前购买意外保险。

在进行考察前先请辅导教师对气象数据收集及气象预报等相关知识进行教学，使同学们有一定的知识储备，并做好活动方案，确定考察内容。

4.1.3 教学设计

一、课标解读

1. 课标（2017年版2020年修订）原文

1）必修1：运用示意图等，说明大气受热过程与热力环流原理，并解释相关现象。

2）必修2：通过探究有关自然地理问题，了解地理信息技术的应用。

3）选择性必修1：运用示意图，分析锋、低压（气旋）、高压（反气旋）等天气系统，并运用简易天气图，解释常见天气现象的成因。

2. 课标解读

第一条课标要求运用相关原理示意图说明大气受热过程以及热力环流原理，在本次研学中重点关注学生如何根据大气受热过程解释相关现象，要求学生能将所学地理知识应用于实际生活中并解释生活中地理现象产生的原因。大气受热过程实际上是太阳辐射、地面辐射和大气辐射之间相互转化的过程，而气象站对温度数据的收集时间、方法很大程度上就是依据近地面大气的热传导原理设计的。

第二条课标中涉及地理信息技术，地理信息技术是地理学研究发展的重要技术支撑，包括遥感（RS）、全球卫星导航系统（GNSS）、地理信息系统（GIS）等。本条课程标准重点在了解地理信息技术的应用，在教学时不需要对其作深入研究，只需了解基本概念和基本工作过程即可。通过实习了解GIS在分析气象数据中的作用及探究天气预报制作的一般流程，了解地理信息技术的应用。

第三条课标关注的对象是自然环境的组成要素——大气，重点是天气系统的形成、结构和运动变化及其影响。各种天气系统的特点以及在它们控制下的天气状况，可从气温、气压、湿度（包括降水）、风等方面来分析。但这些气象要素是抽象的，通过在气象站参观了解并实地测量、统计这些数据，加深学习理解，让学生对天气系统和气候有更加直观的认识。同时通过对简易天气图的分析，可以进行简略的天气预报。

二、教学目标

1）说出天气与气候的含义及区别，能在生活中正确使用天气和气候术语。

2）能够识别常见天气符号，并在简易天气图上分析天气现象及其变化。

3）能够说出天气预报制作的一般流程，分析地理信息技术在天气预报中的应用。

4）掌握气象数据收集的一般方法，能够识别气象数据收集仪器并解释仪器相关原理。

5）明确此次实习活动考察的重点内容，了解野外实习过程注意的安全事项。

三、教学过程

教学环节	教师行为	学生活动	设计意图
新课引入	播放中央电视台《天气预报》最新一期节目 这是大家非常熟悉的节目，看似短短几分钟，幕后却要付出大量的时间和精力来制作。同学们在看《天气预报》时有没有思考过天气预报是怎么制作的？其中的这些气象数据又是如何获取的呢？今天我们就对这两个问题简单了解一下	学生观看视频并思考	通过播放《天气预报》节目设置情境，引发学生思考，激发学习兴趣

（续表1）

教学环节	教师行为	学生活动	设计意图
新课讲授	一、天气与气候 展示天气图片：晴天、阴天、雨天等 提问：现实生活中我们遇到以上天气时，一般会怎么来描述呢 通过学生的回答提取关键词：阴晴、风雨、冷热等，并引出天气的概念：天气是一个地区短时间里的大气状况（气温、湿度等）和大气现象（风、云、雾、降水等）的综合，它是时刻在变化的 活动：从风雨、阴晴、冷热这几个方面描述今天的天气	学生思考并回答	通过描述现实中的天气来理解天气的概念，培养学生的语言表达能力
	转折：展示北京四季的图片 通过北京四季的风景我们看到了一个地区不同季节的气候变化，思考：天气和气候的区别 活动：展示不同的词句，辨别哪些说的是天气，哪些说的是气候 ①昆明四季如春 ②夜来风雨声，花落知多少 ③明天大风降温 ④极地地区全年严寒	学生思考并回答：天气是一个地区短时间的大气状况，变化快；而气候是一个地区长时间的大气平均状况，比较稳定 ①气候；②天气；③天气；④气候	通过对比讲解体会天气与气候的区别，加深对天气及气候的理解

(续表2)

教学环节	教师行为	学生活动	设计意图
	过渡：我们在室外举办重大活动时都希望在晴好天气下进行，但我们如何最大可能地确保活动当天是晴好天气呢？这就需要时刻关注天气预报了 二、天气预报及其制作 讨论：制作天气预报节目的前期准备工作有哪些 在发布天气预报时，我们会用一些符号来表示常见的天气 （展示天气预报图）提问：图上这些符号表示什么意思 追问：在天气预报图中除了刚才的这些符号，我们经常还会看到这类符号，这个符号代表什么意思呢 追问：通过风矢怎么判断风向和风力 展示带有冷锋符号的天气图，分析图中甲城市（锋前）未来几天可能经历的天气变化	学生讨论并发言： 气象观测——数据收集——综合分析——预报会商——预报产品发布 学生看图并识别常见的天气符号：晴天、多云、阴、小雨、中雨、大雨、暴雨、雷阵雨、小雪、中雪、大雪、雨夹雪、冰雹、霜冻、雾、沙尘暴 风矢，表示风向和风力大小 风矢用来表示风，由风向杆和风羽组成。风向杆指出风的来向，有八个方位，分别为北、东北、东、东南、南、西南、西、西北。风羽是指垂直在风向杆末端右侧（北半球）的短划线和小三角，用来表示风速，长划代表4m/sec，短划代表2m/sec，三角形代表20m/sec 学生思考并回答：冷锋过境前，天气晴好，气温较高，气压较低；冷锋过境时，伴随阴雨、大风、降温天气；冷锋过境后，天气转晴，气温降低，气压升高	通过学习常见的天气符号让学生读懂天气预报内容，并能够通过简易天气图分析天气变化，将课本所学知识与实际生活联系起来，让学生养成理论联系实际的学习习惯 了解天气预报的制作过程，培养学生的综合思维能力

(续表3)

教学环节	教师行为	学生活动	设计意图
	过渡：天气的成功预报离不开准确的气象数据，那么这些气象数据是如何收集的呢 三、气象数据的收集 提问：预测天气需要哪些气象数据 教师总结并归纳：风向、风速、温度、相对湿度、气压、日照时间、辐射量、水气压、露点、卫星云图等 追问：这些气象数据是如何获得的呢 气象要素的观测可分为地基观测、空基观测和天基观测三大类。地基观测主要有地面气象站、自动气象站（无人）、雷达、海洋站、船舶等；空基探测主要有探空气象、探空火箭、探空气球等；天基探测主要有静止卫星、极轨卫星等气象卫星。观测获得的气象数据通过气象专用网络通道传输到气象局	学生思考并回答： 风向、风速、温度、相对湿度、气压…… 了解气象数据的收集手段，知道遥感技术在气象观测中的作用	使学生了解气象数据收集的困难程度，让学生理解地理信息技术在实际生活中的作用
	过渡：这次研学活动考察的贵阳市东山气象站就有地面观测站，通过地面观测站可以获得风向、风速、温度、相对湿度、气压、日照时间、辐射量、水气压、露点等气象数据，下面我们对收集这些气象数据的仪器进行简单了解 依次展示地面观测站气象仪器并简单介绍其作用	识别各类测量仪器并简单了解其工作原理	对地面观测站的测量仪器进行简单了解，为实地考察做准备

(续表4)

教学环节	教师行为	学生活动	设计意图
小结	通过今天这节课，我们了解了天气预报制作的一般流程，学会了通过简易天气图分析天气现象及其变化，同时也知晓了气象数据的收集途径以及地面观测站一些主要的气象观测仪器，为下次的实地考察作了充足准备		总结本节课主干知识

四、板书设计

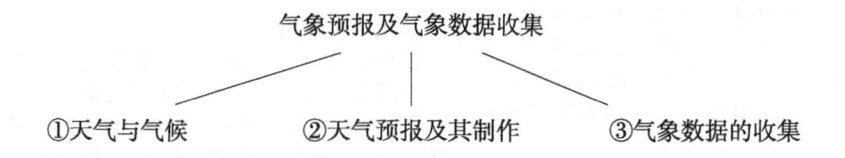

气象预报及气象数据收集

①天气与气候　　②天气预报及其制作　　③气象数据的收集

4.2 研学过程

为了让学生能够识别气象数据收集工具并知道气象数据收集的一般方法，熟悉天气预报制作的一般流程，2020年1月6日，贵州师大附中数十名师生对位于贵阳东山的贵阳市气象局开展了野外研学考察活动。

4.2.1 贵阳东山气象站研学

1. 气象站的选址

地面气象观测场是取得地面气象资料的主要场所，地点应设在能较好地反映本地较大范围的气象要素特点的地方，避免局部地形的影响。因此地面气象观测场四周应空旷平坦，避免建在陡坡、洼地或邻近有铁路、公路、工矿、烟囱、高大建筑物的地方，而且需要避开地方性雾、烟等大气污染严重的地方。贵阳气象站旧址位于甲秀楼附近，但随着城市化进程的加快，周围高大建筑物逐渐增多，城市热岛效应愈加显著，导致气象站获取气象资料难度变大且气象数据不具代表性，因此贵阳市气象站和气象台于2000年迁入现址。

图4-1　贵阳市东山气象站地面气象观测场

2. 气温和地温的测量

（1）气温的测量及仪器

常见的气温测量仪器有玻璃温度计、金属温度计、金属电阻温度计、热敏电阻温度计等，东山气象站地面观测场测量气温的仪器是玻璃温度计（图4-2左）、双金属温度计（图4-2中）和铂电阻温度计（图4-2右）。前两种需要人工观测读取数据，这种观测技术较为传统，而现代的气温观测仪器采用精确度更高的铂电阻温度计，通过光缆将气温数据实时传输到电脑，观测更为方便。

玻璃温度计包括最高温度计、最低温度计、干湿球温度计等。玻璃温度计的感应部分是一个充满液体的玻璃球或柱，与感应部分相连的示度部分是一端封闭、粗细均匀的玻璃毛细管，测温液体通常用水银、酒精或甲苯等。由于玻璃球内液体的热胀系数远大于玻璃，毛细管中的液柱会随温度变化而升降。

金属温度计能够自动记录气温连续变化，感应元件是双金属片，由膨胀系数相差较大的两片金属焊接成，将其一端固定，另一端随温度变化而发生位移，位移量与气温接近线性关系。

铂电阻温度计是根据铂金属的电阻随温度而变化的规律来测量气温，温度覆盖范围约为14～903K，其误差可低到万分之一摄氏度，是目前最精确的温度计。

为了得到精确的气温和湿度数据且避免仪器受到损坏，需要将温度计和湿度计放入百叶箱中。百叶箱的外壁为白色，投射在百叶箱上的阳光会被白色的表面反射掉，箱内的空气不会因箱壁升温而被烤得很热，所测出来的气温和湿度就有较强的代表性。

通过读取最高温度计、最低温度计及铂电阻温度计数据，得到：

表4-1 气温测量仪器读取数据

实时气温	当日最低气温	昨日最高气温
10℃	4℃	19℃

图4-2 不同类型温度计

（2）地温的测量及仪器

地温的高低对近地面气温和植物的种子发芽及其生长发育、微生物的繁殖及其活动有很大影响，因此地温是一项非常重要的气象数据。测量地温的地温场分为浅层地温场和深层地温场两种，浅层地温的测量是将水银温度计的水银管插入地面以下5cm、10cm、15cm、20cm，地面和浅层地温的测量传感器采用铂电阻制作，测量原理与铂电阻气温传感器相同。深层地温则是将直管地温表插入地面以下40cm、80cm、160cm和320cm，读取测量数据时把直管地温表从套管中迅速取出读数，40cm地温表于每日2、8、14、20时观测，80cm、160cm、320cm地温表每日14时观测一次。

一天中最高气温出现在当地时间午后2时左右，而一天中最高地温出现在当地时间午后1时左右，由于近地面大气受热的主要、直接能量来源于地面辐射，所以一天中最高气温出现的时间要比最高地温出现时间延后一小时。

图4-3　浅层地温场（左图）、深层地温场（右图）

3. 降水量和风向、风速的测量

（1）降水量的测量及仪器

雨量计分为三种：虹吸式雨量计，称重式雨量计，翻斗式雨量计，东山气象站地面观测场测量降水量的仪器是称重式雨量计（图4-4左图）和翻斗式雨量计（图4-4右图）。

贵阳冬季气温较低导致固态降水概率较大，因此每年12月至次年2月采用称重式雨量计测量降水量，这种仪器可以连续记录接雨杯上以及存储在其内的降水的重量。记录方式可以用机械发条装置或平衡锤系统，将全部降水量的重量如数记录下来，并能够记录雪、冰雹及雨雪混合降水。

翻斗式雨量计是由感应器及信号记录器组成的遥测雨量仪器，感应器由承水器、上翻斗、计量翻斗、计数翻斗、干簧开关等构成；记录器由计数器、录笔、自记钟、控制线路板等构成。其工作原理是雨水由最上端的承水口进入承水器，落入接水漏斗，经漏斗口流入翻斗，当积水量达到一定高度（比如0.1毫米）时，翻斗失去平衡翻倒。而每一次翻斗倾倒，都使开关接通电路，向记录器输送一个脉冲信号，记录器控制自记笔将雨量记录下来，如此往复即可将降雨过程测量下来。

图 4-4　称重式雨量计（左图）、翻斗式雨量计（右图）

（2）风的观测及仪器

风塔（图 4-5 左）是一种用于测量风能参数的高耸塔架结构，即一种用于对近地面气流运动情况进行观测、记录的塔形构筑物。在塔体不同高度处安装有风速计、风向标以及温度、气压等监测设备，可全天候不间断地对场址风力情况进行观测，测量数据被记录并存储于安装在塔体上的数据记录仪，最终发送至计算机上进行数据的分析与统计。通过计算机上历年的风频玫瑰图（图 4-5 右），可以直观地看到贵阳的主导风向为东北风和西南风。

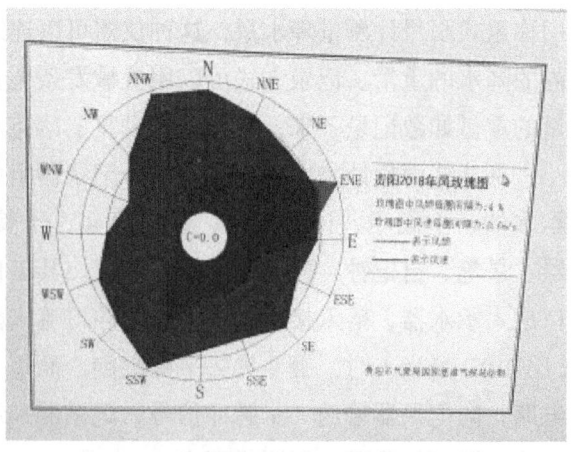

图 4-5　风塔（左图）、贵阳 2018 年风玫瑰图（右图）

4. 贵阳近三年气温、降水量、风向统计数据的观察与分析

随着科学技术的发展，现在气温、降水量、风向、风速等气象数据的收集不需要再通过人工实时查看气象仪器来进行观测，所有数据通过相关仪器可直接传输到气象工作站的电脑上，并通过电脑进行数据的统计和分析。在气象工作站工作人员的许可下，我们获得了贵阳市2017—2019年气温、降水和风向数据。

表4-2　贵阳2017—2019年各月月均温

气温（℃）	1月	2月	3月	4月	5月	6月	7月	8月	9月	10月	11月	12月
2017年	6.6	7.5	9.2	16.5	18.8	20.1	23.5	23.6	21.7	16.4	11.4	6.5
2018年	4	6.3	13.8	16.7	20	21.1	24.3	23.2	20	13.7	10.3	4.6
2019年	4.4	5	11.3	17.3	17.7	22	22.7	24.3	20.7	16.3	10.9	7.2

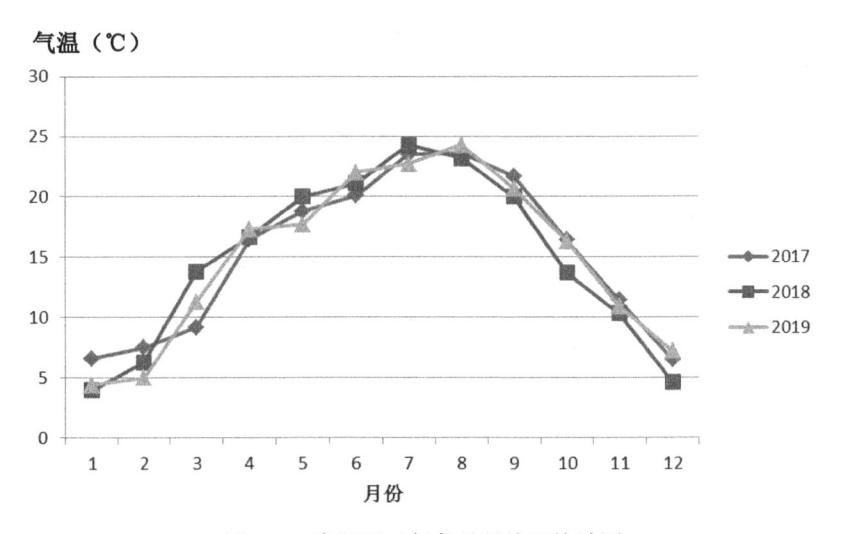

图4-6　贵阳近三年各月月均温统计图

通过分析贵阳市2017—2019年各月月均温数据，可以得知贵阳市最热

月月均温在25℃左右，夏季高温；最冷月月均温高于0℃，冬季温和。

表4-3 贵阳2017—2019年各月降水量及年降水量

降水量（mm）	1月	2月	3月	4月	5月	6月	7月	8月	9月	10月	11月	12月	年降水量
2017年	22.0	24.8	50.6	74.6	107.3	507.1	123.2	114.5	70.5	41.5	17.6	12.2	1165.9
2018年	55.1	15.2	111.4	76.4	251.3	238.9	98.4	145.5	147.4	39.9	56.5	21.1	1257.1
2019年	56.8	30.0	45.8	99.7	254.0	249.2	206.9	33.7	130.1	117.2	20.3	10.4	1254.1

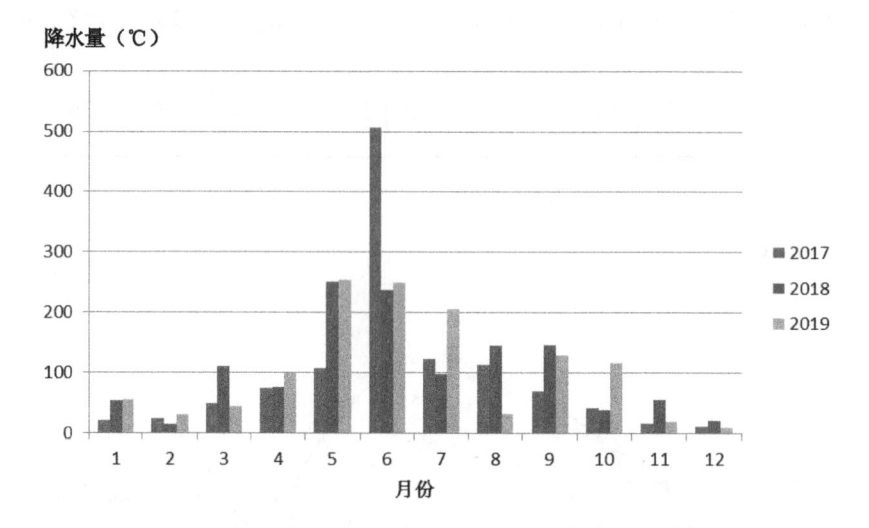

图4-7 贵阳2017—2019年各月降水量统计图

通过分析贵阳市2017—2019年各月降水量及年降水量数据，可以得知贵阳市降水季节分配不均匀，夏季多雨，冬季少雨，且年降水量高于1000mm。

综合气温和降水数据，可以得知贵阳气候特点为：夏季高温多雨，冬季温和少雨，属亚热带季风气候。

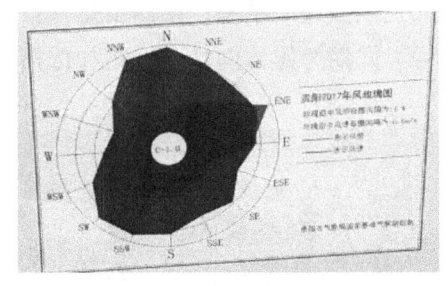

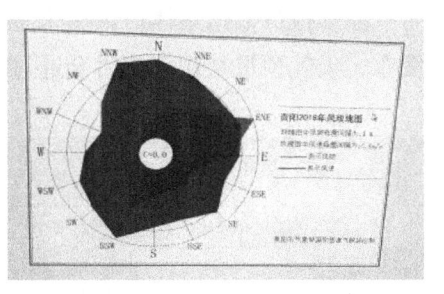

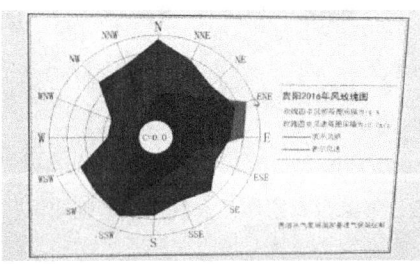

图4-8　贵阳2017—2019年风频玫瑰图

通过分析贵阳市2017—2019年风频玫瑰图，可以得知贵阳市的盛行风向为东北风和西南风。夏季盛行的西南暖湿气流从海洋带来充沛水汽，冬季盛行的东北风寒冷干燥，形成了夏季高温多雨，冬季温和少雨的亚热带季风气候。

4.2.2 贵阳气象台研学

1. 天气预报制作的一般流程

天气预报是对未来一定时期内天气变化的事先估计和报告，对国民经济建设和国防建设具有重要意义。天气预报制作的第一步是收集气象数据，由分布在全球各地的卫星、雷达、地面观测站、探空气球等观测仪器收集最新的数据；第二步是数据的传输和处理，气象中心的计算机对收集到的气象数据进行计算进而生成数值天气预报，为气象员预测未来一段时间内的天气状况提供参考；第三步是各种天气图分析、会商、制作，气象员综合分析最新的观测资料，结合计算机做出的数值天气预报结果并考虑当地的天气和气候特点，做出未来几天的天气预报。天气预报发布前预报员再进行集体讨论，首席气象预报员根据集体讨论结果签发天气预报最终结果；第四步是预报产品发布，天气预报制作完成后会通过电视、广播等媒体向社会发布和传播。

图4-9　气象台专家作"天气预报基础知识"讲座

2. 地理信息技术在天气预报中的作用

遥感是利用传感器对物体电磁波的辐射、反射特性进行探测，从而达到在远离目标和非接触目标物体条件下探测目标地物的目的。遥感技术在天气预报中的作用主要体现在利用气象卫星获取气象数据，气象卫星具有实时性强、资料直观等优点，使得其在进行天气系统的动态监测中具有无可替代的优势。地理信息系统以计算机系统为基础，对大量的地理数据进行分析和处理，具有数据采集、存储、分析、显示和应用的功能。地理信息系统在天气预报中主要应用于气象资料管理、气候状况跟踪、气象灾害评估、大气变化预测等方面。

图4-10　师生体验天气预报播报员

4.3 研学成果

在对贵阳气象台与气象站进行研学考察后,教师和学生都有很多收获,呈现方式有活动简报、学生研学考察报告等。

4.3.1 活动简报

贵阳市气象站研学活动

(贵州师范大学附属中学金儒成教师工作室 第029期 2020年1月6日)

新课程标准提出的地理学科核心素养中把地理实践力作为重要内容,学生在真实情境中通过自己动手,观察和感悟地理环境与人类活动的关系是提升地理实践力的有效途径。因此,1月6日我校金儒成教师工作室顾问陈红生副校长、师大附中邓华副校长以及工作室部分老师带领师大附中20名同学到贵阳市气象局东山气象站开展了一次地理研学活动。

图4-11 研学队伍合影

研学队伍首先对贵阳国家基准气象站进行了考察,气象站吴站长和张副站长对气象站的各类测量仪器进行了详细讲解,如测量蒸发量的蒸发池、冬季测量降水量的称重式雨量计以及其他季节测量降水量的翻斗式雨量计、测量气温的铂电阻温度计以及人工观测的干湿球温度计、最高温度计、最低温度计、双金属温度计等各类温度计、测量湿度的湿度传感器及传统的毛发湿度计、测量酸雨的酸雨自动观测系统、测量日照时数的光电式数字日照计、测量辐射量的辐射观测站、测量地温的浅层和深层地温场、测量风向风速的风向风速传感器等一系列气象观测仪器，在讲解过程中同学们积极提问，了解了各种观测仪器的工作原理及数据读取方法。

图4-12　吴站长讲解翻斗式雨量计（左图）、同学们读取深层地温温度计数据（右图）

随后研学队伍对气象台进行了考察，气象台李台长从如何看天气预报、天气预报的制作以及气象预警信号的解读等三个方面为同学们作了天气预报基础知识的专题讲座，同学们还参观了贵阳气象影视中心，了解天气预报节目的录制过程，并亲自进入演播厅体验了天气预报员的日常工作。

图4-13　李台长给同学们作专题讲座

此次研学活动让同学们认识了身边的气象变化，识别了气象数据收集工具，知道了气象数据收集的一般方法并且熟悉了制作天气预报的一般流程，在学习新知识的同时也提高了自己的动手能力，对地理实践力的养成有很好的促进作用。

4.3.2 学生研学报告选编

考察结束后，各小组同学针对考察内容进行了总结交流，撰写了与本次实习内容相关的科学小论文，提高了文字总结和表达能力，同时也激发了对气象与气候学的兴趣，为以后可能成为大气科学研究工作者种下科研种子。

一、气象观测演变及气象站选址

作者：付雨婷，周永芬，郑康；指导老师：雷显兵

摘要：气象观测经历了漫长的演变过程，在演变过程中不断完善，逐渐形成现今的气象站，气象站的选址设立有许多特定的要求。通过气象站野外研学实践，了解气象站的选址要求以及气象观测的演变过程，知道气象数据收集的一般方法。

关键词：东山气象站；气象观测；选址

1.气象观测的演变

我们知道现今的气象观测范围很广，自然也需要很多精准的仪器来进行观测。比如贵阳气象站以前都是用水银温度计来观测气温，现在换成了铂电阻温度计。因为铂电阻随温度的变化而变化，从而可以测量温度，并且更加精确。

气象观测的开始时间很早。测天之器，量地之物，始于西汉。东汉发明了世界最早的风向仪——相风铜鸟，也有叫相风鸟。

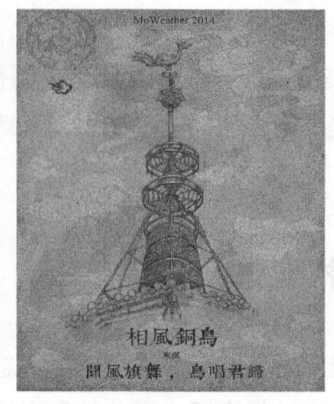

图4-14 中国古代气象观测仪器

中国最早的气象站是北京地磁气象台，由俄国教会建立于1849年。1856年，法国成立了世界上第一个正规的天气预报服务系统。1980年7月中国有了第一次天气预报。1988年9月7日，中国发射了第一颗气象卫星。

除此之外，气象观测是基础理论与现代科学技术相结合、多学科交叉融合的独立学科，处于大气科学发展的前沿。气象观测信息和数据是开展天气预警预报、气候预测预估、科学研究的基础，是推动气象科学发展的动力。

2. 气象站的选址要求

贵阳市气象台的选址有特定要求，主要原因是气象观测记录必须具有代表性、准确性、比较性。雷达阵地和地面气象观测场的选址对地质条件有要求，应选择无地质断裂结构，地质稳定性好，地表坚硬的地点。

图4-15 气象站雷达

新一代天气雷达站址应近处四周无高大建筑物、山脉、高大树林等遮挡。在雷达主要探测方向上的遮挡物对雷达天线的遮挡仰角不应大于0.5°，其他方向的挡角一般不应大于1°；其次，选址应避免与其他无线电设施产生相互电磁干扰，还应便于建立与当地气象台的通信链路，以确保雷达探测信息和遥控信息的实时、可靠传输。此外，选择站址时，还应综合考虑供电、道路、用水、避雷、抗震等所需的建设投资额度，并尽可能考虑基础设施的综合利用。

地面气象观测场的环境条件要求地面气象观测场必须符合观测技术上的要求：

（1）地面气象观测场是取得地面气象资料的主要场所，地点应设在能较好地反映本地较大范围的气象要素特点的地方，避免局部地形的影响。观测场四周必须空旷平坦，避免建在陡坡、洼地或邻近有铁路、公路、工矿、烟囱、高大建筑物的地方。避开地方性雾、烟等大气污染严重的地方。避免地面气象观测场四周存在障碍物体影子投射到日照和辐射观测仪器的受光面上，避免附近存在反射阳光强的物体。

（2）在城市或工矿区，观测场应选择在城市或工矿区最大风频的上风地带。

（3）地面气象观测场的周围环境应符合《中华人民共和国气象法》以及有关气象观测环境保护的法规、规章和规范性文件的要求。

（4）地面气象观测场的环境必须依法进行保护。

（5）地面气象观测场周围观测环境发生变化后要进行详细记录。新建、迁移观测场或观测场四周的障碍物发生明显变化时，应测定四周各障碍物的方位角和高度角，绘制地平圈障碍物遮蔽图。

二、新一代气象监测设备和未来可能的发展趋势

作者：王思淇，黄心怡，冯志艳
指导老师：陈红生，雷显兵，刘成名，张琼芳

天气预报关系国计民生，随着科技的发展，气象观测技术的不断推进，新技术层出不穷，而传统技术也在气象观测中发挥着不容小觑的作用。如今气象台的观测技术更多趋向于现代的自动化观测以及智能技术的应用，而贵

阳气象台仍旧保留着传统的观测技术，观测时间主要在2时、8时、14时和20时，而自动观测则因其优越性保持每分钟测量的频率。以下是各气象要素具体的观测设备及设备原理：

1. 降水量

关于降水的测量仪器，工作人员展示了两种测量降水的仪器，分别是新型称重式测量仪器和传统型翻斗式测量仪器。在气象观测中，翻斗式测量仪器多为夏天使用，称重式测量仪器多为冬天使用。考虑到气象站地处海拔较高地区且贵阳冬季气温较低可能出现凝冻天气，会导致翻斗式雨量计无法使用，于是称重式测量仪器应运而生。翻斗式测量仪器通过翻斗的翻转次数按照比例换算出降雨量（翻斗翻转一次降雨量为0.1mm），称重式测量仪器是先通过雨量传感器再进一步换算出降雨量，因此即使结冰也不影响其工作。

图4-16 雨量计（左图为翻斗式，右图为称重式）

2. 温湿度

关于温湿度的测量，气象站采用了温湿度智能传感器，传感器内采用铂电阻，频率达到一秒采样六次。除此之外，为了尽量保证测量的精度和准度，气象观测采用了多种测量手段，老的观测技术是使用双金属片，通过观测弹性形变感受测量。另外，气象观测中还应用到毛发湿度计，顾名思义，通过毛发的变化去检测空气的干湿度。干湿变化会引起毛发收缩或膨胀，毛发就能运用于空气湿度的测量中。而测量温度则使用到水银温度计，如图中所示，上面一根温度计测量最高温，下面一根则用于测量最低温，而左右两根左为干球右为湿球，既可测量湿度也可测量温度，这部分就需要与传统的人工观测相结合，而数据的结果则以百分比形式呈现。

图4-17　温湿度计

至于地表以及地下温度的测量，则应用水银柱或酒精柱测量，地表温度是将水银温度计的水银管插入地面以下5厘米、10厘米、15厘米和20厘米，而深层地温则是40厘米、80厘米、160厘米和320厘米，检测的该地层每天的最高、最低温度。水银温度计是较为传统的测量仪器，用它测量深层地温时，每次读数需要将温度计从深孔中提出，这不仅比较麻烦，而且温度计在提升过程中温度会受到影响，所以现在更多的是用自动铂电阻测量。铂电阻是自动观测技术中相当重要的一环，常用的金属丝有铂、镍和铜三种，阻值在几十欧到一百欧之间。目前，在较高精度的温度测量仪器的开发研制中，普遍采用的是以铂电阻作为传感器，铂的高熔点、高沸点性和优良的化学稳定性，使它成为测量高温下温度的良好材料。仪器需满足规定的时间响应速率（仪器时间常数）、测量范围、测量精确度和灵敏度，性能需长期保持稳定及能适应各种气候条件，铂电阻传感器都能很好地满足以上条件。但不足的是铂电阻测温仪器中存在着温度漂移的难题，而通过控制箱中的温度，使其维持在某一高于仪器环境温度上限的温度±2℃范围内，可以保证在较大的温度范围内仪器的温漂满足要求。

图4-18 温湿度智能传感器（左图）、毛发湿度计（右图）

图4-19 深层地温（左图）、地表温度（右图）

3. 日照时间及太阳辐射

关于日照观测，以120焦耳每秒每平方米作为单位，满一小时开始工作，故在阴天及日照时间低于一小时时日照时数为0。而测量太阳辐射则应用到一种集多种功能的仪器，分为两部分：上部、下部或前部、后部。上部统计来自大气的短波辐射，下部则统计来自地面的长波辐射，运用数学知识计算出差值，即为辐射量。前部集记录长波辐射和短波辐射为一体，后部功能则趋于单一，只记录短波辐射。

图4-20　太阳辐射测量仪器（左图）、光电式数字日照计（右图）

4. 雨水酸度

贵州雨水从偏酸后变为中性，呈酸性减弱的趋势，也间接说明了贵州大气质量的好转。雨水酸度的测量技术是近年的新兴技术，通过收集雨水并评定其pH值，充分响应了国家的环保政策。

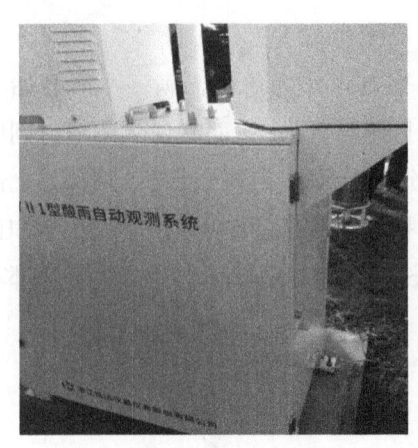

图 4-21 酸雨自动观测系统（左图）、风塔（右图）

5.风向和风速

气象台有高高矗立的风塔，用于测量风向以及风速。风塔由风杯风速计及风向标组成，风向标两侧有着尾翼在不停摆动，测量结果会按时发送到计算机上，数据会记录在计算机上，最后总结生成一年内的风频玫瑰图，直观展示了风向及风速大小，历年的风频玫瑰图都展示了贵州的东北风和西南风居多。

通过以上仪器的介绍我们不难发现，在当今的气象观测中，虽然贵阳气象台仍旧保留着传统的人工观测，但更多趋向于自动观测与计算机技术相结合。人这个角色已经退居幕后，更多的我们依靠现代科学技术节约人力，在仪器自动观测后，把数据传输到计算机上再由计算机进行处理。但为保证数据收集的精度和准度，这仍旧需要工作者进行传统观测，会在人工智能技术高速发展的今天，我们是否可以考虑引进人工智能这一角色代替人去完成这样枯燥重复的工作，无论是地理学还是其它学科，都需要紧跟时代的步伐，那么依托于人工智能技术，构建起一个智能化的系统，建立一个机器智能观测，人工智能自动观测和计算机分析处理的三方平衡，无疑是对未来气象站工作的一个美好展望。

三、人工气象观测与未来发展

　　　　　　　　　　　　作者：吴昱萱，龙梛婷；指导教师：雷显兵

摘要：考察、实验、调查等是地理学重要的研究方法，而在地理学科核心素养中，地理实践力成了重要内容。"地理实践力"素养的提升有助于我们更好的感悟和观察地理环境与人类社会的关联，增强社会责任感。

关键词：气象观测；未来发展

贵阳国家基准气候站（Guiyang Meteorological Bureau）成立于1935年11月1日，迁址日期为2000年1月1日，地理坐标为东经106°44'，北纬26°35'，海拔高度1223.8米，四周空旷，上风向无污染源，是一个较为成熟、设备完善、先进的气象站。在学校的带领下，我们参观了位于东山的气象站，从中主要学习到了气象预报及气象数据收集等相关知识。

1. 降雨量测量

降雨量的测量仪器有翻斗式-内置翻斗和称重式测量。翻斗式测量仪器有内置翻斗，翻斗每翻一次则记录为0.1mm，主要测量液态降水，不储存降水。但其不足之处是风会影响到蒸发量从而对降水量测量造成影响。而冬季的固态降水（雪等）则是采用称重式测量，再用公式转换成降水量并以mm为单位。

图4-22　降水测量仪器

2.温度测量

温度测量的仪器有双金属片温度仪及毛发温度仪、水银温度计。双金属片温度仪及毛发温度仪上方是双金属片温度计，通过双金属片的弯曲程度来反应温度变化情况。毛发温度仪，内置毛发通过热胀冷缩原理的变化来反应温度变化情况。水银温度计的水平方向上方测量最高温度，下方测量最低温度。竖直方向左边是干球温度计，右边是湿球温度计。

图4-23 双金属片温度仪及毛发温度计（左图）、水银温度计（右图）

3.地温测量

地温测量范围分为浅层和深层。浅层测量范围：0-20cm，温度波动较大，浅层到深层温度是先递减后递增。深层测量范围：40-320cm，温度波动较小。

4.气象台如今存在的问题

气象部门在改革开放的40多年发展中，取得了很大的进步，现在各级政府和群众都非常重视和关注气象工作，因气象科技与各行各业和个人的生产、生活都息息相关。现在气象部门的台风预报，冷空气入侵预报和强对流天气等预报的准确率比较高。但对短中期的连续性暴雨、大风和中长期的旱涝趋势预报准确率不高。现在虽然气象科技有了很大的发展与进步，如气象卫星云图，多普勒雷达探测资料，多种气象信息平台的建立和气象信息资料的共享及中小尺度系统的加密观测等，都有了很大的进步和发展。

设备的维护与数据收集相较于旧时有很大改进,但还是存在少许缺点,如水银温度计对气温、湿度的测量需要百叶箱外壳保护,虽然将旧时的木制百叶箱改为新式的玻璃钢材质,但对测量结果还是有影响。

气象灾害服务对于洪涝、干旱等极端天气的预报程度不足,导致洪涝灾害影响严重,以及对于灾后天气的预报不足,导致经济二次损失。

5.气象台未来的发展

未来气象台的发展方向应当朝着将观测设备数据收集变得更加先进,更加智能化,应当多关注国内外气象领域活动与发展,并适当引进先进设备,但更多以自主研发为主。

当地气象台应当多对市民及学生开放,在社会上多宣传气象预测知识,联合学校多开展研学活动等。

四、蒸发量及降雨量测量的方法及仪器

作者:陈子浦,王瑜玮,黄加静;指导教师:雷显兵,张琼芳,朱鑫

摘要: 新课程标准提出的地理学科核心素养中,把地理实践力作为重要内容。高中地理教学中,大气学是重要内容之一,通过气象站野外研学实践,学习降水量及蒸发量的测量方法,了解所使用的仪器并掌握数据处理的方法,对大气运动规律进行深入学习。

关键词: 贵阳市气象局;蒸发量测量;降水量测量;数据处理。

(一)贵阳市气象局

2020年1月6日,我校在贵阳市气象局开展关于地理气象知识的研学活动。该气象局位于贵州省贵阳市南明区扶风东路92号(图4-24)。在经过互联网查询和询问该地工作人员后我们得到了关于该气象站的基本信息:贵阳市气象工作由气象行政管理、基本气象业务、气象科技信息服务三部分组成,其事业结构为"气象局、人工影响天气管理办公室、防雷减灾管理办公室、应急管理办公室、贵阳农经信息网"(简称一局三办一网),负责贵阳地区的气象基本业务、天气测报预报服务、人工防雹增雨、气象防灾减灾、气象应急管理、气象农业信息服务、气象行政管理、气象行政执法等工作。内设办公室、法规科、人事科、业务科、财务科五个职能科室,另有结算中心、气象台、雷达站、人影办、农经网、国家气候基准站、国家高空观测站

七个直属单位，下辖花溪、白云、乌当三个郊区气象局以及修文、开阳、息烽、清镇四个县级气象局。鉴于其权威性，其测量的数据和测量方法都有较高的参考价值。

图4-24 贵阳市气象局位置示意

（二）测量蒸发量

贵阳市是典型的喀斯特地貌地区，为了监控山体滑坡、泥石流等自然灾害，蒸发量和降水量是其中的两个重要指标。测量蒸发量的仪器有三种：小型蒸发器，大型蒸发桶和蒸发皿。

1. 小型蒸发器

小型蒸发器是口径为20cm，高约10cm的金属圆盆，盆口呈刀刃状，为防止鸟兽饮水，器口上部套一个向外张成喇叭状的金属丝网圈。测量时，将仪器放在架子上，器口离地70cm，每日放入定量清水，隔24h后，用量杯测量剩余水量，所减少的水量即为蒸发量。

2. 大型蒸发桶

大型蒸发桶是一个器口面积为$0.3m^2$的圆柱形桶，桶底中心装一直管，直管上端装有测针座和水面指示针，桶体埋入地中，桶口略高于地面。每天20时观测，将测针插入测针座，读取水面高度，根据每天水位变化与降水量计算蒸发量。

图4-25 蒸发桶

3.蒸发皿

蒸发皿的规格大都和雨量筒一样，也是20cm直径的圆形器皿，皿口上沿也高出地面70cm。蒸发皿深10cm。正是因为它的厚度小于直径才称为皿。

这三种仪器原理相同，故只选其一研究。如图4-25为蒸发桶，该仪器通过测量每日的缸内的水分的变化量，减少的水量即为当日蒸发的水量。测量方法分为两种：人工测量和机器测量。人工测量的方式是将探针从如图所示红圈内的小口处插入进行测量，从小口处插入而不从外池直接测量的原因是外池中的水面波动较大，测量出的数据误差较大，而使水面波动较大的原因主要是风和人为活动造成的震动所引起的。人工测量不仅误差大而且局限性很大，如果到了冬季，温度过低，池水的表面就会冻结，这样探针就无法插入水中进行测量，就会丢失数据。所以为了避免这种情况，机械测量更为可靠。机械测量的原理是：将池水与旁边的百叶箱用连通器相连，这样百叶箱中的水位就会和池内始终保持一致，同时也可以使水面的波动减小，使用激光测量以减小误差，以及减小冰冻对测量的影响。

图4-26 蒸发皿

（三）测量降水量

在学会了利用仪器准确测量蒸发量之后，我们继续学习了用仪器准确测量降水量。测量的主要方法是使用雨量计。雨量计分为三种：虹吸式雨量计，称重式雨量计，翻斗式雨量计。

1. 虹吸式雨量计

虹吸式雨量计能连续记录液体降水量和降水时数，从降水记录上还可以了解降水强度。虹吸式雨量计由承水器、浮子室、自记钟和外壳所组成。雨水由最上端的承水口进入承水器，经下部的漏斗汇集，导至浮子室。浮子室是由一个圆筒内装浮子组成，浮子随着注入雨水的增加而上升，并带动自记笔上升。自记钟固定在座板上，转筒由钟机推动作用回转运动，使记录笔在围绕在转筒上的记录纸上画出曲线。记录纸上纵坐标记录雨量，横坐标由自记钟驱动，表示时间。当雨量达到一定高度（比如10毫米）时，浮子室内水面上升到与浮子室连通的虹吸管处，导致虹吸开始，迅速将浮子室内的雨水排入储水瓶，同时自记笔在记录纸上垂直下跌至零线位置，并再次开始雨水的流入而上升，如此往返持续记录降雨过程。

2.称重式雨量计

这种仪器可以连续记录接雨杯上以及存储在其内降水的重量。记录方式可以用机械发条装置或平衡锤系统,将全部降水量的重量如数记录下来,并能够记录雪、冰雹及雨雪混合降水。

3.翻斗式雨量计

翻斗式雨量计是由感应器及信号记录器组成的遥测雨量仪器,感应器由承水器、上翻斗、计量翻斗、计数翻斗、干簧开关等构成;记录器由计数器、录笔、自记钟、控制线路板等构成。其工作原理为:雨水由最上端的承水口进入承水器,落入接水漏斗,经漏斗口流入翻斗,当积水量达到一定高度(比如0.1毫米)时,翻斗失去平衡翻倒。而每一次翻斗倾倒,都使开关接通电路,向记录器输送一个脉冲信号,记录器控制自记笔将雨量记录下来,如此往复即可将降雨过程测量下来。

对于此类仪器,因为种类较多,所以人工测量时的局限性相对于测量蒸发量时就会小很多。若使用与测量蒸发量时使用的原理相同的激光测量时,数据会更加准确。

(四)数据处理

1.测量单位及时间

在记录数据时,以毫米(mm)为单位,按气象观测规范规定,气象站在有降水的情况下,每隔六小时观测一次。6小时的降水量称为6小时降水量;24小时的降水量称为24小时降水量;一年中的降水量称为"年降水量"。把一个地方多年的年降水量平均起来,就称为这个地方的平均年雨降水量。日降水量实际上都是昨天20时到今天20时的量,而不是昨天24时到今天24时的量。

2.分类

降水根据其不同的物理特征可分为液态降水和固态降水等。

在气象上用降水量来区分降水的强度。可分为:小雨、中雨、大雨、暴雨、大暴雨、特大暴雨,小雪、中雪、大雪和暴雪等。按降水的性质划分,降水还可分为:连续性降水、间断性降水、阵性降水。24小时内降雨量为0.1～9.9mm称小雨,10～24.9mm称中雨,25～49.9mm称大雨,50～99.9mm称暴雨,100～250mm称大暴雨,大于或等于250mm称特大暴雨。

3、在测量蒸发量受到非人为原因或人为原因影响时，可以采取的方法有：

（1）因降水等自然原因，使蒸发量为负值（不论负值多少），记为0.0，此情况无须备注。

（2）凡因人为原因造成蒸发量为负值，则按缺测处理。

（3）为防止大雨、暴雨时蒸发皿水外溢流失，除及时量取外，还可从蒸发皿嘴连接一皮管至接水器内，以保记录完整。

（4）夜间不守班的站，第二天早晨发现蒸发皿水（雪）确实外溢，可将皿内水（雪）倒掉，重新加入20mm的清水，该日蒸发量外加括号，并予注明。

（5）考虑到雾、露、霜现象在蒸发器水（冰）面上与雨量器金属面上的凝聚状况是不相同的，因此在计算蒸发量中不考虑纯雾、露和霜的量。

（6）当位于海岛和高山的站却遇蒸发皿水被大风吹出时，其记录外加括号，并予注明。

（7）蒸发器结冰，被冻在冰内的沙土无法清除对，可照常称量记录。但观测后应立即换水。

（8）在蒸发器结冰，但没有蒸发专用台秤，也没有单位为克的普通台秤时，可用以下方法处理蒸发量，以保证旬、月记录的完整：

各结冰日（观测时结冰）的蒸发量栏记"B"，待冰融化的那一天再量取计算这一段的总量，记入观测当日的蒸发量栏。但结冰期要跨入下一旬时，则须于本旬最后一天的20时，加入一定量的温水将冰融化进行观测，量得的数值中再扣除加入的温水量，计算出的蒸发量记入观测当天的蒸发量栏。上述情况需在簿、表备注栏注明。

（五）总结

这一次的气象站之旅让我们了解到了测量降水量和蒸发量的仪器和方法以及如何记录数据，增强了我们对于地理的学习兴趣，让人受益匪浅。

5 身边的社会调查研学
——贵阳市延安东路商业街

为了落实立德树人的根本任务，进一步提升学生综合素质，着力发展地理学科核心素养，使学生具有理想信念和社会责任感，具有科学文化素养和终身学习能力，具有自主发展能力和沟通合作能力，研学实践是实现这一目标的重要方式之一。

研学线路的选择要考虑很多因素：课标的相关性，经济的可行性，线路的典型性，时间上的合理性及安全保障等。

选择延安东路商业街的依据：

1. 与课标相关性强。①必修2：结合实例，说明工业、农业和服务业的区位因素；②选修6：结合实例，说明城乡规划中工业、农业、交通运输业、商业的布局原理；③选修9：学会社会调查的基本方法，并进行城乡实地调查，识别不同土地利用方式及特点。

2. 经济的可行性强。由于参加人数过多，如果长途出行调查经济压力太大，而延安东路离学校近，步行即可，学校和学生都没有经济压力。

3. 线路的典型性强。延安东路是贵阳市的老商业街，同时还紧邻商业中心喷水池，各种商业业态齐全，具有典型性。

4. 时间上的合理性强。作为高中生学习压力大，不可能抽出大量时间做调查和研学，延安东路调查花费时间大约半天左右，具有时间上的合理性。

5. 安全有保障。这里是市中心，不用乘坐交通工具，全部是过街天桥或地下通道，没有交通安全之虑；同时有研究生和几位老师同行，安全有保障。

5.1 研学准备

野外研学考察活动的开展，需要制定研学方案，做好背景资料、图件和物资等准备，确定参与考察人员及人员分工，做好安全教育和预案，给参加的学生进行行前培训，我们统称为研学准备。做好研学准备，利于研学活动的有序开展，减少突发事件的发生，更好地完成整个野外研学考察活动，达到地理研学预期目的。

5.1.1 活动方案

贵阳市延安东路商业街位于贵阳市一环内，以商业活动为主，零售商业发达。为培养学生对身边地理的兴趣，提高学生地理实践力，特组织此次活动。

一、时间

2021年5月21日下午14：00—17：30

二、参加人员

1. 带队教师：张国洋，陈红生，金儒成，罗家杨，雷显兵，罗 卫，刘成名，敖小龙，朱鑫，张琼芳

2. 实习研究生：吴亚林，丁义维，杨玉银，张毓艳，徐 亚，祝 琳，屠晗，冯崇玉

3. 参加学生：贵州师大附中高二（15）班全体学生。

三、延安东路调查报告调查内容

1. 贵阳市延安东路商业网点的类型、数量及其分布；
2. 贵阳市延安东路的消费者调查（客源地、出行方式、消费习惯等）；
3. 贵阳市延安东路附近交通通达度调查（交通站点、交通线路、离地铁站距离等）。

5.1.2 行前准备

一、工具准备

调查活动需要准备调查量表，相关记录工具等。而在当今的信息时代，采用便捷的网络服务设施设备，可以获得事半功倍的效果。本次拟使用的运

用的 APP 见表 5-1。

表 5-1　本次社会调查拟用 APP

APP	GPS工具箱	百度地图
图标		

二、图件类资料

贵阳市行政区划图，贵阳市中心城区道路交通规划图（2011–2020）等。

三、介绍信和证明准备、报备学校

提前准备好学校办公室开的介绍信和学生证明材料并同时报备学校相关处室。

介绍信

今有我校（贵州师范大学附属中学）师生因研学需要，于2021年5月21日到延安东路进行研学实践调查，希望各单位和各商户配合为盼！

贵州师范大学附属中学
2021年05月20日

四、分组及任务分配

本次社会调查，根据学生数量和任务将参加人员分为4小组。每组人数不等，分工调查延安东路商业街的相关情况。每个组内选出两个组长，负责统筹和组织组内活动；每个组都配备一名以上教师及时给予指导；另外，每个组内部要进行明确的分工安排，具体的任务分工安排由组内成员共同讨论而定；明确开始和结束集合时间、地点，携带所需工具，明确调查任务及目的。

第1组：10人

学生姓名：田楚銮，朱航宇，张瑞文，廖铭浩，李紫逸，蒋晰，熊佳艺，李胤霖，徐子涵，李子含

调查内容：贵阳市延安东路（东街）商业网点的类型、数量及分布；

带队教师：张国洋，张琼芳，朱鑫

第2组：10人

学生姓名：欧阳文文，肖庭丽，方博文，宋政廷，王承一心，凌程萱，洪崇智，龚前彬，覃诗雨，张歆若

调查内容：贵阳市延安东路（西街）商业网点的类型、数量及分布；

带队教师：张毓艳，祝琳，吴亚林

第3组：10人

学生姓名：田飞洋，冯元锟妤，董艳平，王熠彤，许安南，姚信嘉，杨学泽，杨浩宣，杨卓卿，朱朋丞，刘志信，陈彦余

调查内容：贵阳市延安东路的消费者调查（客源地、出行方式、消费习惯等）；

带队教师：丁义维，徐亚，杨玉银

第4组：6人

学生姓名：张心，胡峻议，陈思宇，周扬婉加，侯志圣，张方曼竹

调查内容：贵阳市延安东路附近交通通达度（交通站点、交通线路等）

带队教师：冯崇玉，屠晗

五、安全及礼貌教育

正式开展调查活动之前，以微信告知家长调查活动的安排及目的并取得全部家长同意；然后临行前对学生进行安全教育和礼貌教育，叮嘱学生注意交通安全及调查期间礼貌事项，指导学生正确应对突发事件。每个组内设置两名安全员，负责各项安全保障。

六、知识讲解

对商业街进行社会调查，需要对商业街、商业网点等知识内容向学生讲解。此外，还需对商业网点的类别进行讲解。

表 5-2　商业类别

类别	子类
综合商场	超市、连锁店、百货商场、购物中心、电子商城、电器商场、品牌专卖、服装鞋帽、水产市场、商业大厦等
餐饮住宿	中餐馆、西餐馆、快餐店、小吃店、主题特色餐厅、茶馆、咖啡馆、冷饮、西点、酒店、旅馆、宾馆、民宿等
基础生活	烟酒副食、小卖部、果蔬店、照相馆、美容美发、图文快印等
休闲娱乐	健身俱乐部、游泳馆、公园、休闲广场等
文化教育	乐器、文化体育用品、工艺品及古玩字画、图书、教育培训机构、学校、科研院校、科技馆、档案馆、报刊亭、杂志社等
金融服务	ATM机、银行网点、典当行、投资机构、保险公司、展览馆等
医疗卫生	卫生站、药店、门诊、医院、健康中心、宠物医院等
手机通信	手机专卖店、手机维修、电信、移动、联通、邮局等

5.1.3 调查问卷及统计表格设计

根据调查需要，设计了延安东路消费者调查问卷、延安东路商业网点调查记录表、延安东路商业网点调查统计表、延安东路沿线公交站点调查记录表、地理社会调查活动方案设计等相关表格，以更好地完成调查目标。

表 5-3　延安东路消费者调查问卷

调查地点：延安东路
调查　者：_____　调查时间：_____
单　　位：
1）您的性别是_____
A.男　B.女
2）您来自_____
A.云岩区或南明区　B.观山湖区　C.白云区　D.花溪区　E.其他

（续表）

3）您到此所选择的交通方式是＿＿＿＿＿＿＿（可多选）
A.步行　B.自驾　C.公交车　D.地铁　E.其他
4）您到此主要是为了＿＿＿＿＿＿＿（可多选）
A.购物　B.游玩　C.餐饮　D.上班（办事）　E.其他
5）您在延安东路商铺经常购买的是＿＿＿＿＿＿＿
A.服装类　B.餐饮类　C.文化用品类
C.美妆护肤类　D.其他
6）您来延安东路消费的频率是＿＿＿＿＿＿＿
A.偶尔　B.一周一次　C.两周一次　D.一月一次　E.其他
7）您认为延安东路上的商业类型是否能满足您的消费需求＿＿＿＿＿＿＿
A.完全能　B.基本能　C.不太能　D.完全不能　E.您的建议＿＿＿＿＿＿＿

非常感谢您的配合，祝您生活愉快！

表 5-4　延安东路商业网点调查记录表

延安东路商业网点调查记录表			
网点类型	代表网点	数量	比重
综合商场			
餐饮住宿			
基础生活			
休闲娱乐			
文化教育			
医疗卫生			
手机通信			
金融服务			
调查人员：			调查时间：　年　月　日

表 5-5　延安东路商业网点调查统计表

延安东路商业网点调查统计表			
网点类型	代表网点	数量	比重
综合商场			
餐饮住宿			
基础生活			
休闲娱乐			
文化教育			
医疗卫生			
手机通信			
金融服务			
调查人员：			调查时间：　年　月　日

表 5-6　延安东路沿线公交站点调查记录表

延安东路沿线公交站点调查记录表			
序号	站点名称	数量	线路
1			
2			
3			
4			
5			
6			
7			
调查人员：			调查时间：　年 月 日

表 5-7　地理社会调查活动方案设计

地理社会调查活动方案设计		
课题名称		
调查内容		
调查分工		
调查地点		
调查对象		
预期成果		
基本步骤	准备阶段	
	实施阶段	
	总结阶段	
数据处理	处理方法	
	处理过程	
	处理结果	
调查人员：		调查时间：　年　月　日

5.2 研学过程

2021年5月21日14：00，延安东路商业街研学活动各小组根据分组情况有序开展调查活动。一组、二组沿贵阳市延安东路道路两侧调查路段的商铺名称、门牌号、商铺类别，第三组开展消费者情况调查，第四组进行交通通达度调查。调查中，学生充分发挥主观能动性，发挥各自优势，各成员根据任务与目标出谋划策，做好相应记录，完成了调查任务。

5.2.1 第一调查小组

作为第一组成员，我们从学校（贵州师大附中）一直走到了该路段的尽头（大致喷水池）。我们第一组成员有着不一样的分工，有的人记录表格，有的人为商品分类，有的人进行拍照记录。

最开始我负责记录工作，我们沿着延安东路段往南走，每到一个商店就记录店名，并且每个成员都在表格里进行查找分类，查看商店属于哪种类别。

后面我负责商店调查分类工作，当记录员写好之后，我们在表格中进行查找。通过这两个工作，我发现一个问题，在我们走访的这个路段当中，大多数都是第一个分类当中的，有商店、连锁店等门店。其实不难理解，因为这条路段是在贵阳市中心，作为老城区比较繁荣的路段，再加上作为一个城市的中心街道，这里的人流量大，以至于在这条路上有非常多能够提供给人们消费的一些商店网点。

在最后我们在这个路段的终点处进行了拍照，并且用手机中的GPS工具箱记录下了当地的经纬度和海拔高度。

我作为一名高中生，非常高兴能够参加此次地理实践活动，因为可以真正地走出教室，到街道上去学习。"实践出真知"我们能够在真正贴近生活的地方，学到更多的东西，在此次活动中，我们从调查路段学到了人文地理中关于城市的一小部分，虽然只是冰山一角，但是此次的地理实践活动给我们深刻印象。

（田楚鉴）

5.2.2 第二调查小组

本次社会实践活动已经结束了，但社会实践给我们带来的巨大影响却远没有结束。它使我们走出校园，走出课堂，走向社会，走上了学习与实践相结合的道路，到社会的大课堂上去见识世面、施展才华、增长才干、磨炼意志，在实践中检验自己的理论知识。两个小时的社会实践虽然时间短也比较辛苦，但回想起来，才发觉，原来乏味中充满着希望，苦涩中满是收获。

通过本次社会实践活动，我们锻炼了自己的能力，学习能力在实践中成长，为以后的学习做好准备；但在实践过程中，我们也表现出了经验不足、处理问题不够成熟、书本知识与实际结合不够紧密等问题。我们回到学校后会更加要珍惜在校学习的时间，努力掌握更多理论知识，并不断与实践相结合，检验自己的理论知识，提高自己的能力，为今后更好地服务于社会打下坚实的基础。

机遇只偏爱有准备的人，我们只有通过自身的不断努力，拿出百尺竿头的干劲，胸怀会当凌绝顶的壮志，不断提高自身的综合素质，才能在将来社会的接触过程中，减少不适应的时间。

加快融入社会的步伐，才能在学习过程中站稳脚跟，才能扬起理想的风帆，驶向成功的彼岸。我组的活动是调查延安东路沿路商户调查。学校开展研学的原因，也是为了让我们更多地接触生活，学习生活中的地理。做社会实践调查也是为了锻炼我们的能力，把我们的能力展现出来。在这个活动的过程中，我发现只要用心去做，去了解，就会成功，这也是为了培养我们做事要认真的态度。

（杨昊宣）

5.2.3 第三调查小组

我们小组负责调查延安东路的交通通达度与市民对此地的一些看法。我们总共有三个主要课题，记录周边公交车站的分布情况，调查附近网点类型与对行人进行问卷调查。我们小组负责的是第三个板块，进行问卷调查。在活动期间，同学们都非常激动与好奇，对于工作也非常认真负责。

我们小组分工明确，有的同学负责与路人进行沟通与交谈，有的同学负责发放与收集问卷，还有的同学负责拍照记录，一切都有条不紊地进行着，行人们也非常的配合。有的人是因为工作原因来此，也有的是因为娱乐游玩到此，一些路人认为延安东路非常热闹有趣，也有的人觉得延安东路并不能完全满足他们的购物需要，还需改进与加强。

参与这次地理实践活动使每位同学都收获颇丰，都学到了许多书本上没有知识，增长了许多见识，也激发了同学们学习地理的兴趣。

（王熠彤）

5.2.4 第四调查小组

2021年5月21日中午，班主任给我们做了安全教育，礼貌教育及注意事项，下午班主任张国洋老师还有实习老师带我们去研学考察，研学考察的内容是调查记录师大到喷水池的公交站牌情况。

我们小组一共6个人，调查下来，我们发现在所调查区间的每个站的公交站牌数量为2个及以上，站牌之间相隔距离相对较近，其中师大这个公交站的站牌数量多于其他站牌，我们小组认为主要原因在于这里位于市中心附近，人流量较大，加上贵州师范大学就在旁边。

喷水池的站点主要设立在国贸和地铁站的附近，我们小组一致认为，是为了方便人们的出行和生活，国贸可以方便人们选购一些生活必需品并且里面有许多餐厅和咖啡馆之类的休闲娱乐场所，可以吸引人们来此消费，愉悦人们的心情，带动消费，促进社会经济协调发展。

此外我们还发现这些站点旁边经常会有许多卖东西的小贩，可能妨碍公交车进站并且出现一定的安全隐患，而且还特别污染大气环境，一定程度上影响城市形象。

此次社会实践让我学到了或体会到了很多东西，例如：团队精神，责任感，以及完成任务后的成就感。团队合作大大提升工作效率。同时此次社会实践也加强了我们的交流能力和观察能力。

（胡峻议）

5.3 研学成果

本次调查活动结束后，学生和教师共同完成了调查报告的撰写，每位学生针对参加此次活动写了心得体会，采取活动简报等形式对整个活动进行对外宣传。

5.3.1 调查报告

一、课标依据

本次社会调查与课标相关性强，主要关联课标有：①必修2：结合实例，说明工业、农业和服务业的区位因素；②选修6：结合实例，说明城乡规划中工业、农业、交通运输业、商业的布局原理；③选修9：学会社会调查的基本方法，并进行城乡实地调查，识别不同土地利用方式及特点。

第一条课标"结合实例，说明工业、农业和服务业的区位因素"中，行为条件是"结合实例"，行为动词是"说明"属于理解水平层次，认知内容是"工业、农业和服务业的区位因素"。区位因素也就是分布的有利条件以及分布的原因，服务业区位因素可以从自然条件、社会经济条件两个大方面进行分析，但服务业主要是受到社会经济条件的影响，如市场、人才、交通通信、政策等。本次研学实践活动针对延安东路的生产性和生活性服务业展开，分析服务业区位因素也就是分析某服务业分布在某地点的条件及原因，因此设计了学生熟悉的延安东路商业网点调查。在本次实践活动中教师应该重点关注学生对实际案例的分析过程，借助对本地的社会调查，帮助学生学会分析区位的思维方法。

第二条课标"结合实例，说明城乡规划中工业、农业、交通运输业、商业的布局原理。"，行为条件是"结合实例"，行为动词是"说明"属于理解水平层次，认知内容是"城乡规划中工业、农业、交通运输业、商业的布局原理"。产业布局是产业在一国或一地区范围内的空间分布和组合的经济现象，本次实践活动围绕城乡规划中延安东路商业的布局展开，让学生主动分析探究原因，教师引导学生结合延安东路商业服务网络，调查延安东路商业类型的空间分布和组合情况。

第三条课标"学会社会调查的基本方法，并进行城乡实地调查，识别不同土地利用方式及特点"，本条课标是人文地理社会调查的地理实践内容，培养学生走进社会、了解社会，与社会沟通的能力，体验社会科学研究的思路与方法。本次实践活动，主要围绕延安东路的商业网点、附近公共交通、商业发展等实践内容，让学生根据自己的兴趣选择调研方向，引导学生运用正确的调研方法，让学生全面地获取第一手资料。

根据对上述课标的解读，结合《普通高中地理课程标准（2017年版2020年修订）》根据对上述课标的解读，结合《普通高中地理课程标准（2017年版2020年修订）》的相关建议和要求，本次实践教学的基本内容确定如下：①基本形式 —— 社会调查；②基本目标 —— 学会设计和展开社会调查活动。

二、调查内容

1. 调查贵阳市延安东路商业网点的类型、数量、布局现状及合理性；
2. 调查延安东路公共交通站点（公交站、地铁站）的数量及辐射区域；
3. 问卷调查延安东路消费者的来源、偏好等情况。

三、调查报告

1. 延安东路商业网点概况

1）延安东路商业网点数量、类型及分布特点

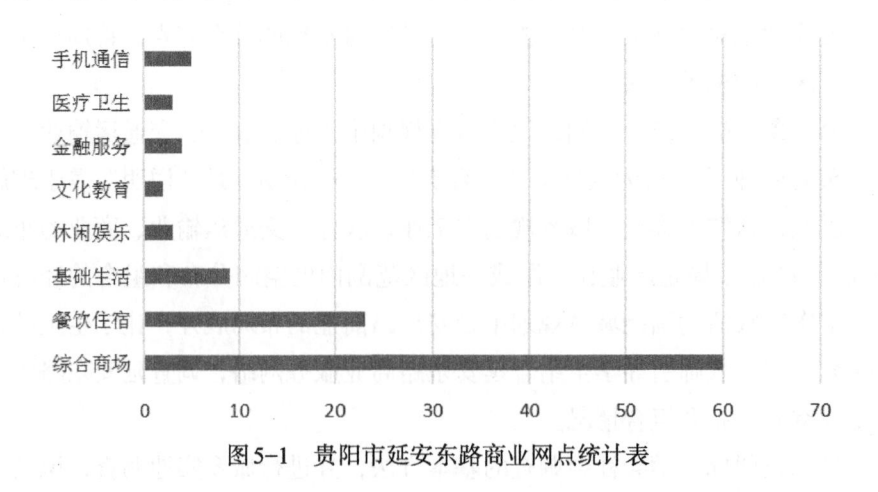

图5-1 贵阳市延安东路商业网点统计表

商业网点分为综合商场、餐饮住宿、基础生活、休闲娱乐、文化教育、

金融服务、医疗卫生和手机通信八大类。

延安东路全长1.3千米，据调查统计结果显示，延安东路的商业网点共109个，其中综合商场数量最多、占比最大，共60个；其次数量较多的是餐饮住宿和生活服务，分别有23个和9个；休闲娱乐、文化教育、金融服务、医疗卫生、手机通信数量较少，数量为：3个、2个、4个、3个、5个。

从上述表格可知，延安东路附近商业类型比较单一，分布不均衡。以综合商场为主，其中服装鞋帽所占比重较大，而且店铺相对集中。餐饮住宿类中大型中餐厅、自助餐厅数量较少，以小吃店为主；基础生活类主要是美容美发和烟酒副食；延安东路附近虽然有贵州师大附中、贵阳十九中等学校，但是文化教育类商业网点并不多。金融服务类网点虽少，但是种类较多，可以一定程度的满足不同人群的需求。医疗卫生类仅有三个，两家药店和一家牙科医院；手机通信类有手机售卖、网络通信、手机维修，数量不多但涉及面较广。

2. 延安东路交通调查

对延安东路沿线公交站点的调查由6位同学和两位老师组成，沿公交车来往两个方向沿线进行走访，了解延安东路公交线分布和开往目的地情况，还了解了沿线的其他交通情况，比如地铁，全程有同学负责记录和拍照等，老师负责学生的安全和必要的知识讲解。共有6份调查统计表，经统计发现延安东路沿线有6个公交站点和2条地铁线路，地上和地下线路贯通全城，基本可以通往贵阳市绝大部分地方，交通十分便利。公交车站包括：师大站（附中门口）、师大站（师范大学门口）、师大站（天桥）、师大站（鲜花市场旁）、喷水池东（两个）。

师大站（附中门口）有86路、75路、253路、229路、262路、79路、4路、12路、40路、42路、61路、夜间13路、夜10路线路，开往地点包括钻石广场、国际城、甜蜜小镇、火车站、龙洞堡客站、省委、新寨公交枢纽、园林路口、花果园中央公园、南惠立交、五眼桥和花溪平桥；

师大站（师范大学门口）有4路、10路、40路、42路、61路、75路、79路、86路、229路、253路、262路、302路、324路、机场大巴6号线、空港巴士、夜间13路，开往地点包括：宅吉小区、园林路口、鹿冲关路、贵州日报社、黄山冲、鹿冲关路、保利公园、保利温泉新城、金阳客站、景云山、贵阳北站、兰馨苑、甜蜜小镇、中天未来方舟、黔灵山贵阳站、贵阳东站；

师大站（鲜花市场旁）有17路、58路、26路、28路、234路、9路、84路、夜间4路，开往地点：贵州日报社、大营坡、鹿冲关路、贵大茶店校区、零三八厂、麦架镇、甜蜜小镇；

师大站（天桥）有3路、73路、238路、806路、810路和夜间5路，开往地点包括贵州理工学院、煤矿村、省公安厅、大学城、花溪公园；

喷水池东1有3路、28路、34路、68路、73路、238路、夜间4路、夜间10路、T6路、234路，开往地点包括：师大、贵州日报社、红岩桥、市南路、煤矿村、省公安厅、零八三厂、花溪平桥、喷水池、零八三；喷水池东2有H98和T6路，均开往长江路（中）。

地铁线路包括贵阳地铁一号线和二号线。贵阳地铁一号线所经站点包括：窦官、下麦西、老湾塘、阅山湖公园、林城西路、观山湖公园、国际生态会议中心、阳关、新寨、白鹭湖、贵阳北站、雅关、南垭路、八鸽岩、北京路、喷水池、中山西路、贵阳火车站、沙冲路、望城坡、珠江路、长江路、清水江路、小孟工业区。贵阳地铁二号线所经站点包括：中兴路、云盘、小碧、龙洞堡机场、见龙洞、森林公园、富源北路、贵钢、油榨街、宝山南路、省人民医院、阳明祠、喷水池、紫林庵、延安西路、黔春路、改茶路、北京西路、马王苗、百花大道、茶园、金阳南路、金阳医院、兴筑路、观山西路、林城西路、诚信路、枫林路、泉湖公园、云峰大道、白云中路、白云北路。一号线和二号线在喷水池站和林城西路相互贯通。涵盖站点共54个，涵盖云岩区、南明区、观山湖区、白云区等地区。

可以发现，延安东路沿线公交车路线众多且辐射范围广。开往地点共有33个，覆盖包括云岩区、南明区、花溪区、乌当区和观山湖区五个贵阳市城区，涵盖商业区、学校、机场、高铁站、火车站、汽车站、住宅区、工厂等城市大量人口汇集处。并且地铁具有快捷、不堵车的特点。因此延安东路至师大附中沿路交通便利，交通方式包括公交和地铁、涵盖地区多，公共交通基本能满足日常生活各种需求。

另外，通过其他方式查阅到从贵阳市高铁北站、贵阳高铁东站、金阳客车站、龙洞堡机场可以通过地铁、的士、滴滴打车、公交车等多种方式到达延安东路，比如可以花24分钟乘坐地铁一号线直接到达喷水池，也可以选择花20分钟打的士或滴滴打车，还可以选择公交到达，增强了贵州省其他市州或其他省份人口到延安东路的可能性。

3.延安东路消费者问卷调查

1）调查方法

问卷调查法：通过问卷调查获取延安东路沿线消费者数据。此次调查共发放50份问卷，均全部回收，有效率100%。

2）调查结果

调查数据显示，出现在延安东路的女性消费者占60%，男性消费者占40%，说明消费市场主要以女性为主；从来源看，60%的消费者来自云岩区或南明区，16%的消费者来自花溪区，来自观山湖区和白云区的消费者占比相对较少，说明延安东路的商业影响范围遍及全市；从出行方式看，36%的消费者会采取公交车出行，34%的消费者会通过步行来此消费，22%的消费者选择乘坐地铁，也有少部分消费者（10%）是自驾来此消费。据此，说明消费者来到延安东路的主要出行方式是公共交通，公共交通对延安东路商业发展的影响较大，因而在商业网点选址时应该考虑交通的影响，以吸引更多的消费者，进而扩大商业服务范围。

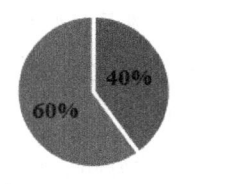

图5-2 贵阳市延安东路消费者性别分布（左图）、延安东路消费者出行方式（右图）

图5-3 贵阳市延安东路商业网点消费者来源

通过对延安东路上消费者出行目的的调查发现，延安东路沿线消费者来此的目的主要是购物、游玩、就餐、上班（办事）以及其他，此次调查发现延安东路上游客以游玩为目的的占比较大，占到32%；其次是上班（办事），占28%；来此购物的游客也不少，占到20%；到延安东路以餐饮为目的的游客比较少，占8%；延安东路沿线以其他目的来此的消费者占此次调查的34%，由此可见延安东路的服务功能较为多样、齐全。

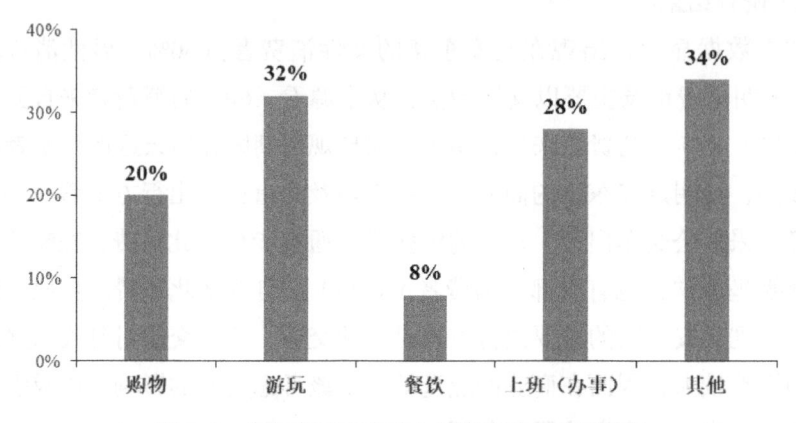

图5-4 贵阳市延安东路上消费者出行目的统计

上述数据说明，延安东路上的娱乐服务、商业网点对消费者的吸引力比较强，商业网点中以时尚购物类的商业网点的吸引力最强，此外，延安东路多元化的服务类型也是吸引消费者的另一个重要原因。

通过对延安东路消费者常购买的产品进行统计分析，结果显示在延安东路商铺经常购买餐饮类产品占比最大，占48%；其次是美妆护肤类，占比18%；购买文化用品类和服装类产品也较多，分别占到16%和12%。统计数据表明，延安东路消费者购买产品中以餐饮为主；由于女性消费者占比相对较多，对美妆护肤类产品购买需求也较多。

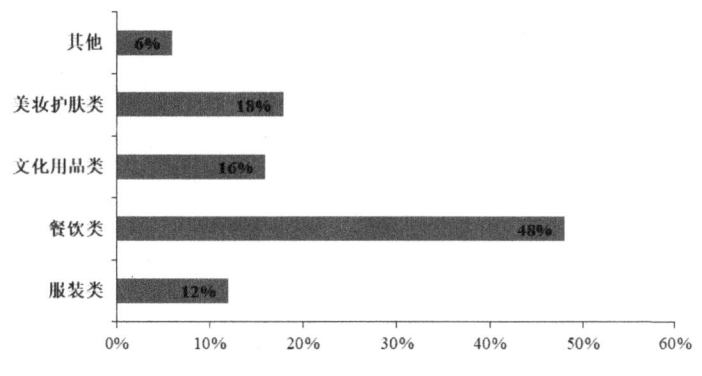

图 5-5 贵阳市延安东路消费者主要购买产品

关于"消费者前往延安东路消费的频率"调查结果显示：42%的消费者是偶尔消费一次，34%的消费者会一周一次，10%的消费者为两周一次，而6%的消费者为一月一次，其他消费频率占8%。这从侧面反映出消费者在延安东路的消费频率整体较高，消费能力是比较强的。

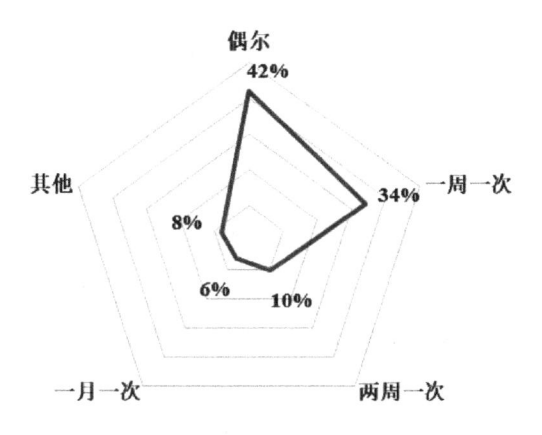

图 5-6 消费者前往延安东路消费的频率

针对"延安东路商业类型能否满足消费需求"调查中发现，基本能满足消费需求的占比为58%，完全能满足消费需求的占比为18%，不太能满足消费需求的占比16%，完全不能满足消费需求的占比为4%。从调查数据可知，绝大部分的消费者都认为延安东路的商业类型是可以满足其消费需求，但是也有部分消费者认为不太能满足消费需求，并提出应该丰富商业业态，避免过于同质化竞争现象。

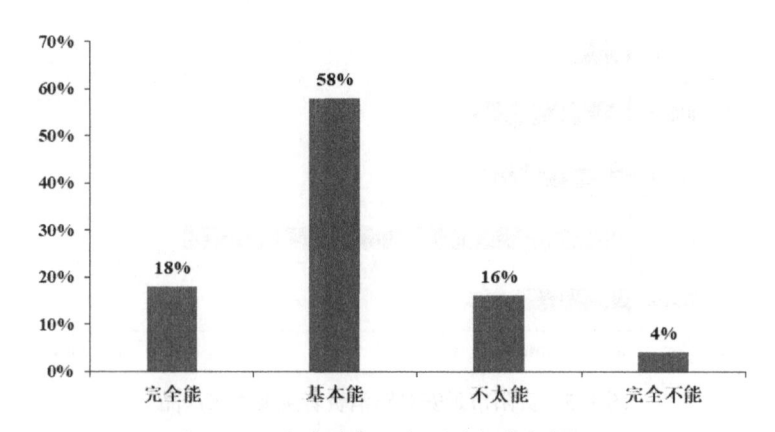

图5-7 延安东路商业类型需求满意度调查

（3）消费者调查小结

延安东路商业网点众多，综合商场类和基础生活类所占比重非常大，其中综合商场类以服装鞋帽为主，店铺相对集中，基础生活类以美容美发和烟酒副食为主，这两种商业网点类型加上餐饮住宿类，可以基本满足男性和女性消费者的需求，因此可以吸引大量的消费者来到此地。

除了商业网点众多可以吸引消费者外，延安东路便利的交通条件也是吸引消费者前往的一个重要原因。延安东路不仅公交站点多，且经过该地的交通线路也多。另外，还有2条地铁线经过该地，使得延安东路交通非常便利，而便利的交通使延安东路的辐射范围更广，吸引周边地区的消费者选择公交车和地铁前来此地。

通过综合分析延安东路商业网点、交通情况、消费者调查可以发现，众多的商业网点、极高的交通通达度才使得延安东路成为消费者的出行目的地，说明商业网点的多少和交通条件的便捷程度与消费者数量是呈正相关，而众多的人流量、便利的交通又促使更多的商家选择把商店布局在延安东路，这样就形成了良性循环，促进延安东路经济的发展。

四、调查结论

第一，延安东路交通通达度高。延安东路的公共交通便捷，有地铁通过，也有通往贵阳市各个区的公交汽车，便利的交通带来更多的人流量。延安东路的商业网点沿延安东路两侧交通干线分布，在多条道路交汇处商业网点的分布更为密集。

第二，延安东路商业街服务功能齐全。商业活动对人口密度的依赖较强，延安东路附近商业有综合商场、小吃店、美容美发和烟酒副食、文化教育类、金融服务类、医疗卫生类、手机通信等种类，涉及面较广，有利于满足周围人的日常需求。但是存在商业等级较低，经营方式创新性不够，利润较低等问题。通过调查，延安东路的消费者大多数来自南明区和云岩区，作为贵阳市的老城区，在这儿居住和工作、学习的人口数量较多，这对于延安东路来说，有利于延安东路商业活动的开展。

五、活动总结

通过精心策划、准备，延安东路商业网点社会调查活动圆满结束。现将活动总结归纳如下：

1.基于课标要求，完成教学目标。

地理课标是地理教学内容选择的依据，地理教学目标制定的基础。本次调查活动内容符合新课标的要求，体现重视对学生地理核心素养的培养。通过延安东路商业网点调查活动，学生收获很多。第一，学生学会社会调查的一般方法，知道问卷调查活动开展的步骤及开展过程中需要注意的问题，以及数据整理和分析的方法。第二，学生了解商业活动区位布局要求及延安东路商业网点布局的合理性。第三，学生了解延安东路的公共交通站点的数量及辐射区域。

2.突出地理实践力的培养

在平时的课堂教学中，地理信息的获取主要来自图像、文字、视频等资料，而调查可以在真实的情境中获取第一手资料，学生需要通过观察、问卷、记录、询问等方式来获取信息，最能直接体现对学生地理实践力的培养。在活动中，教师以学生的认知水平和基础知识为前提，充分调动学生的观察能力、调查能力和数据分析的能力。

3.不足与改进措施。

在本次调查活动收获很多的同时，也存在不足与困难之处。

第一，在问卷调查过程中，有的行人不愿理睬学生的调查，使得部分学生害怕与人交流，也出现调查不积极的情况。

第二，调查的范围过小，商业活动种类较少，调查时间太短，问卷数量太少。

第三，社会调查活动对教师的能力、自身的学科素养提出了更高、更全面的要求，但指导教师学科知识结构不完善，很难保证在调查过程中准确性与科学性。

第四，学生在进行野外实践前只凭一腔热情，前期准备不够充分，不能很好地应对一些突发事件。

为了以后能更好地开展调查活动，我们提出以下修改建议。

第一，明确调查活动的主体是学生。在调查过程中，教师要充分调动学生参与的积极性，引导学生观察、发现、探究地理问题。

第二，指导教师应加强学习，充实自己的基本知识和提升专业技能。

第三，社会调查活动前，师生应该充分准备，减少在活动中的不可控因素和盲目性。

调查活动在一定程度上提高了学生的地理实践能力、综合思维能力、区域认知能力等学科基本素养，但地理核心素养的培养还需一系列完整地理教学活动来支撑。此次调查活动为后续的实践活动积累了一定经验，但还需教师和学生在今后教学或学习中不断努力。

5.3.2 活动简报

贵阳延安东路商业街研学

（贵州师范大学附属中学金儒成教师工作室　第064期　2021年5月30日）

为进一步加强学生对身边事物的感知能力，提高学生的地理实践能力，2021年5月21日下午，在金儒成名师工作室的组织下，贵州师大附中高二（15）班在张国洋等老师及实习地理老师的带领下，前往贵阳市延安东路进行商业网点的调查。本次实践活动开展顺利，达到了预期目标，取得了良好效果。

在出发前一天，张国洋老师在家长群里说明活动内容并征得各位家长的同意。在出发当天，张老师进行了行前培训，包括安全教育、礼貌教育、调查方法等培训，然后进行调查分组，一共分为4小组，由于延安东路商业网点较多，所以商业网点调查由两个小组负责，另外两个组一个组负责行人问卷填写，一个组负责公交车站站点统计。之后确定小组长人选，由小组长带领本组人员。每个小组有2-3位教师或实习老师负责安全事宜和拍照，保证调查活动能够有序进行。

图5-8　安全及文明礼貌知识教育

活动过程中，学生明确任务、各司其职、积极参与、态度认真，以下是学生参与调查的瞬间。

图5-9　调查过程剪影（一）

活动期间问卷组同学还偶遇了外国友人，但他们并没有忽略他，而是上前打招呼并对其进行问卷调查，这位外国友人会说普通话，但识字有些困难，学生主动为他翻译和解释句意，帮助他填写问卷。

图 5-10　调查过程剪影（二）

对学生未来学习、生活具有指导意义是本次调查活动的价值所在。希望通过此次商业网点调查，能够增强学生的洞察能力，培养学生的沟通能力、表达能力，提升学生的团结协作能力。

5.3.3 学生研学心得选编

调查活动结束后，参加活动的36位同学均撰写了研学学心得，展示了活动的过程和学生们的收获，现摘部分展示。

一、商业网点调查心得

作者：冯元锟妤

5月21日的下午，班主任（地理老师）张国洋老师带领我们参加了一次关于"商业网点调查"的地理社会实践活动。此次活动我们小组是沿着延安东路进行的，同时让我对商店有了更深层次的了解。

首先，我了解到"商业网点"是指根据网点建设规划管理需要所界定的从事商品流通，为生产经营和生活服务的单体商业经营场所或在同一区域内统一开发，统一经营或统一管理的综合商业经营场所，包括零售商店，商品交易市场，旧货市场，汽车交易市场，物流基地，餐饮店及其他生活服务业设施等。其组织形式与人口的密度有直接关系。

其次，商业网点可以分为8个类别，分别是：综合商场、餐饮住宿、基础生活、休闲娱乐、文化教育、金融服务、医疗卫生、手机通信。

1. 综合商场的子类包括：超市、连锁店、百货商场等。
2. 餐饮住宿包括：快餐店、小吃店、茶馆、咖啡馆等。
3. 基础生活包括：烟酒副食、小卖部、照相馆等。
4. 休闲娱乐包括：健身俱乐部等。
5. 文化教育包括：图书、学校、科技馆等。
6. 金融服务包括：ATM、银行网点、展览馆等。
7. 医疗卫生包括：药店、医院、健康中心等。
8. 手机通信包括：手机维修、手机专卖店等。

最后，这次的社会实践活动不仅仅让我更加深入地了解到"商业网点"，同时，也让我感受到一个团队要想共同完成一件事，队员之间的分工与合作必不可少，每个人都要参与到其中，需要每个人都有团队精神，这样我们团队才能圆满地完成这次"商业网点调查"的活动。

二、记录师大到喷水池的公交车站牌

作者：胡俊议

5月21号下午，由张国洋老师安排两个实习老师带我们去组织社会实践，其内容：记录师大到喷水池的公交车站牌。

调查结果如下：每个公交站有师大站的有两个或两个以上，师大人也很多，学生占大多数，我认为这是人流量大的原因。

这次社会实践我体会深刻，也学到了很多东西，比如要和同学们团结一致解决问题，互相帮助，并且培养了较强的责任感。Team work 能大大提升工作效率，也可以加强同学们的沟通能力。

实践是学生接触社会，了解社会，用课本知识解决实际问题的途径。参加实践活动，为认识社会，了解社会，起到了一定的作用。

三、社会实践总结

作者：李胤霖

经过对街道商铺的调查，我发现学校周围的商铺分布中，主要为便利连锁店和食品店，这也侧面反映了学校周围对日常商品和食品的需求大，便利店和食品店满足了学生在日常上学的基本生活需求，在我看来，这是一个双赢的现象。

在此次社会实践中，让我更加清晰的了解学校周围的街道、商铺的分布，帮助我对于贵阳的城市规划有更加清晰的认知，让我在下次需要购买物品时，给我提供了指引。并且在此次社会实践的调查和实践当中，让我发现了团队合作的重要性。在调查街道时，如果只是一个人单独进行调查，会导致调查结果不准确而且也会十分麻烦。但在这一次的实践中，我们团队中的人员分工明确，同时队员们十分努力地去做调查和收集资料，使得实践任务变得简单，容易很多。这同时也让我明白了，如果依靠团队的力量，一件再大的事情都会变得轻松很多，并且在团队协作的过程中也能增加同学之间的默契度，增进彼此的友情。

在我看来，社会实践不仅是增强学生个人能力的机会，并且也会使学生在今后的生活和工作中能以更加开放、从容的心态去看待这个世界。在社会实践活动的调查环节中，使得学生的性格变得更加外向和开朗。队员们协作填写表格过程中，也让我体会到了团队在社会中是多么的重要，让我知道团结的重要性。最重要的是，社会实践活动不仅让我们的学习态度得到了改变，并且也丰富了我们的知识，拓宽了我们的视野，让我们以真实的视角去看待这个开放、发展着的社会，并且此次活动不仅让我对社会有更加深刻的认识，也让我的压力得到了释放，让我更加有精力投入到即将到来的高三生活，能让我有一个更加从容的心态去对待紧张的高三生活。

在社会实践的过程中，我的观察力方面得到了迅速的提升，在寻找店铺的街号时，从开始的懵懂到后面的寻找速度提升，让我为团队做出了贡献，使我获得了成就感，并且也让我在日后的生活中能更加冷静地去分析问题。

四、社会实践感想

作者：欧阳文文

社会实践这四个字本以为要到了大学才能看见，可是很开心能在高中就有机会体验到，这是一次全新的经历，也是高中生活的一笔浓墨重彩。

起初，班主任张国洋老师把班上同学都分3大组4小组，6-20个人为一个小组，每个组都有不同的任务，每个任务也都各具特色，我们这一组的任务是：调查学校周边门店数量及类别。

一开始大家都觉得"这也太简单了吧，天天都在经过的地方，没有谁能比我们更了解了"。是的，我最初也是这么想。可是后来发现，原来大家都错了。商铺的种类多到数不清，而要给一个商铺准确定位还真是件难事，单体店、连锁店、品牌店，种类繁多，更别提还要一个一个地记录了。

但这种郁闷的小情绪很快就被打破，大家一行人热热闹闹地沿着一条街走下去，走走停停，一边拿着笔记录，一边叽叽喳喳地讨论这个应该怎么分？这个属于哪一类？于是乎，关于这天的记忆，就是耀眼明亮的阳光，和正值青春时光的我们。

老话说：读万卷书，行万里路。校内，我们是一起并肩作战学习的伙伴；校外，我们也是高度默契配合的搭档。大家各司其职，拍照打卡，最后的报告单上，密密麻麻地写满了这天的记录。那条街很长，好像走不到尽头，可这一路上的欢声笑语却伴随了我们一路。或许，等我们都去到了各自心仪的大学，再次开始社会实践的时候，也会回忆起现在的点点滴滴，这些经历都是我们不可多得的财富。

我想，这大概就是社会实践带给我们的，最好的礼物。

五、地理实践心得

作者：田楚鎏

从校园到喷水池路上的商店调查中学习到了知识，了解到了学校周边的一些情况。

关于各个商店的门牌号。在沿延安东路路走的过程当中，你以为你走的这一条街，只是一个单一地方？可是当你观察它的门牌号之后，你会发现，它是由各个不同的路划分形成的一条多元素的街道。因为在我们正常的行途中，在街道后面还有属于不同路段的区域板块。从这一个小小的路段，其实我们能发现，贵阳说小也小，说大也大，光从这样一个小小的路段，划分成不同的街道、不同的门牌号，每一个街区后面又有大乾坤、大世界。

关于商店的种类。在这节路段当中，有饮料店、小吃店、便利店、服装店……师大到喷水池这段路，其实算是贵阳比较繁华的路段，跟它的地段有关，这个地段整个街道分布比较紧密，可能也是因为地价比较贵的原因，每个门面并不是很大，但也正是因为这样，种类非常多，并且大多是小吃、日用品、服装等。又由于附近有学校，所以整条路段上多以食物类商店为主，并且多数都为连锁店。从中我们还学到了不同性质的商店，不同的划分，可以有不同的种类。

关于最后贵阳海拔高度的定位。当我们最后用手机定位海拔高度时，没有想到贵阳的海拔这么高，虽然一直都知道贵阳处于云贵高原之上，在中国的第二阶梯。但平常完全没有这个概念，住在海边的人。比我们更接近那蔚蓝的大海，而我们相比他们也要更接近美丽的天空。

我们从初中开始接触地理，所学到的知识都是从书本或纪录片上获得的，但这些都很难让我们能够有真正的感触，去学到他的精髓。要说我们了解中国吗？了解这个世界吗？我们知道些皮毛，但了解得不深入也不深刻。老一辈的人常说实践出真知，当我们真正走出校园，到街道上真正的去了解我们身边的环境，从身边环境入手来学习地理的时候，真的收获很多。我们这个年纪是好动、好玩、好奇心重的一个阶段，当说走就走，出去实践学习的时候真的很快乐，不仅学到了知识，而且同学们配合默契、协作能力强。

六、地理社会实践心得体会

作者：王熠彤

在5月21日的地理社会实践活动中，我感受颇深。这是我第一次做有关地理方面的实践学习，内容非常丰富，也使我从中学习到了许多。

此次实践中我们被分成若干小组，课题内容各不相同，有调查周边商业网点的，记录周边车站的，还有街头调查问卷的。而我们小组做的内容是街头调查问卷，小组由6名同学和3位带队实习老师组成。

首先，张国洋老师利用中午时间，对我们进行安全教育和行前培训。下午第三节课后我们出发。出了校门后我们组分为了两只小队，顺着延安东路的两条街道进行。同学们分工明确，有的同学负责跟拍记录，有的同学负责收集资料，还有的同学负责与路人沟通等等。

一路上遇见了许多行人，有的是年轻的大学生，也有因为工作原因而到来的，还有和朋友们一起来玩耍的。最令我印象深刻的，是与一位来自东非外国友人的问卷调查。他用着有些许不熟练的普通话与我们交流，夸赞中国的发展，这一刻，我心中的一股自豪感油然而生。

这次实践中，使我对延安东路有了进一步的了解，也使我对地理这门学科有了更浓厚的兴趣。从前学地理，大多理论内容只存在于书本当中，多少有些枯燥无味，感觉离自己太遥远，但当你真真切切的去感受的时候，你会有更深刻的认识与更愿意去了解和学习的想法。

总之，这一次能参与地理实践活动，我感到非常荣幸。而以后对于书本里的知识也会更有体会，理解更深，再次感谢这次实践活动带给我的见闻与收获！

七、社会实践心得体会

作者：田飞洋

社会实践是中学生课外活动的一个重要内容，也是中学生自我能力培养的一个重要方式。因此对于我们来说，社会实践活动给了我们一个认识社会、了解社会、增长阅历，提高综合素质的机会。我认为社会实践应当在结合自身实际情况下，真正地踏入社会，而不是为了实践而实践。我觉得我们在社会实践前应该有一个明确的目标，为自己制定一个切实可行的计划。应注重实践的过程，从实践中锻炼自己、提高能力。

本次社会实践是由班主任张国洋老师及几位实习老师共同带领下，在5月21号下午我班同学完成的。具体内容是对延安路段商家及消费者进行调查，了解他们在经过此次疫情后的生意状况以及消费情况。本次社会实践活动分为三组，各有分工，而我所在的第三组的任务便是采访延安东路上的消费者，并协助他们完成共五十张的调查问卷以供后期分析。

步入社会，起初与陌生人打交道还是显得比较羞涩的，不好意思开口耽误别人时间，但是凡事都要有第一次，当我们顺利收回我们的第一张调查问卷后，我们开始变得积极主动，不懈地去寻找适合的对象，慢慢地我们发现大家一起效率太低，而且一群人容易"吓着"消费者，导致活动不能顺利进行。于是，我们兵分三路，将五十份问卷均分后开始"逐个击破"，这其中我们也遭到了冷漠：有些人看到我们手上拿着纸向他靠近，他有意绕道而行；还有的我们刚一开口"你好，请问下"还没说完就急忙摇手说"没空"；更有甚者厌烦地白你一眼，不理不睬地走了，让你递在半空中的手和脸上挂着的笑容僵住。这些都是我们需要克服的困难，我们唯有软磨硬泡，锲而不舍才能克服困难。当然更多的人还是很热情的，有的夸赞我们调查问卷做的好；有的叫孩子跟我们说再见，更有的身为东非人，语言不通与我们交流不那么流畅，也热情地帮我们完成问卷；这些都使我们感动不已。

我觉得这次调查任务的顺利完成离不开我们的团结协作，只有相互合作，相互帮助，再辅以我们热情的心以及坚持不懈的努力，这次任务才能顺利完成。

这是一次深刻的经历，它让我学到了交际的技巧、实践的重要、团队协作的珍贵以及做事要保持一个积极向上的态度，要善始善终！这样的学习经历要比只学习书本上的知识更有趣，也使知识掌握地更实际更具体，相信也会对我们以后的学习有很大的帮助。

八、社会实践心得

作者：张心

公交车是当今人们出行的重要交通工具之一。为什么说它重要呢？

首先乘坐它很方便，不会像乘坐私家车那样对于安全及油耗存在顾虑；其次公交车十分便宜，车票顶多两元钱，至今未涨价，选择公交车比乘坐出租车或私家车更加节省；最后公交车也为没有私家车的百姓着想，想出远门坐公交车即可，也不需要再另租车来远行，对大家都很适用。这次研究活动我们研究了到喷水池站的公交车，一共七个站，每个站的人流量都挺大，但下车的人数也和上车的人数成正比关系，所以车上并不拥挤。当我们在第7个站下的时候，观察了站牌，每辆车的车站最少都有13个，最多的都有20多个。在观察公交车的首班车发车时间和末班车发车时间，首班车一般时间大概在6：30，而上班族还有学生上学时间大都在7：30左右。公交车的早早出行为学生还有上班族都提供了便利。而他的票价仍然仅有两块钱，一瓶水的价格，十分合理。

我们将公交车与出租车做比较，公交车不仅价格便宜，新出的公交车还有空调，对夏天和冬天出行的我们都是非常友好的。与公交车相比，出租价格昂贵，有时候坐一辆出租车的价钱都可以坐上好几天公交车了。所以外出的时候，公交车是大家值得选择的交通工具。

6 民族文化与区域发展研学
——花溪高坡苗族乡

为拓展研学活动范围，我工作室结合地理学科和野外研学特点，与贵州师范大学附属中学李其胜教师工作室组织了史地综合研学，培养学生的学科素养和家国情怀。

6.1 研学准备

野外研学考察前，应根据研学内容和路线做前行准备。研学前的准备内容包括安全教育、学习背景知识和技能、相关工具仪器等。

6.1.1 活动方案

活动方案是为某一次活动制定的书面计划、具体行动实施办法细则、步骤等。活动方案是开展活动的必要前提，是活动的蓝图，包括活动目的、活动准备、活动内容、经费预算、注意事项等内容。

一、教师考察方案

贵阳市花溪区高坡苗族乡属喀斯特山区，总面积120平方千米，最高海拔达1712米，地势北高南低。高坡距贵阳市50余千米，有87个自然寨，居住有汉、苗、布依等民族。高坡苗族乡的少数民族聚集村寨多，民风淳朴，少数民族文化保存完整，历史资源丰富，如特有丧葬文化——洞葬（甲定洞葬）等。

（一）活动目的和意义

新课程标准中提出历史五大核心素养，把"史料实证"素养作为重要的考察内容。而野外调查是一手史料获取的重要渠道。史料的收集、辨别、整理、归类，是历史研究的基础能力。新课程标准提出的地理学科核心素养中，把"地理实践力"素养作为重要内容。考察、实验、调查等是地理学重要的研究方法，也是地理课程重要的学习方式。课标要求："结合实例，说明地域文化在城乡景观上的体现",高坡苗族乡正是这一条课标要求的良好体现。

为了提升学生的"史料实证""地理实践力"等学科素养,让学生走出校园,在野外研学中拓宽视野、丰富知识,提升学生的自理能力、创新能力和实践能力,提高学生的学习兴趣,工作室计划组织开展高坡学生野外研学活动。为了保证此次活动的有效性和安全性,让学生更有收获,工作室拟安排教师进行第一次考察(即教师调研),进行活动设计、考察点及线路选取等。

(二)考查时间及内容

工作室拟于2020年12月26日9:00—18:00到高坡进行前期考察。考察内容有:考察点的选取,考察线路设计,考察内容设计等。

(三)参加人员

1.指导专家:

王丽萍(贵州师大附中党委书记、正高级教师);

陈红生(贵州师大附中副校长、正高级教师);

邓　华(贵州师大附中副校长、正高级教师)。

2.参加老师:

李其胜,金儒成,杨慧,罗家杨,雷显兵,廖咏梅,朱鑫,刘娟,李健,王康,左天伦,汪世勇,聂鹏,刘文静,金文才,陈丽,张国洋,刘成名,罗卫,敖小龙。

(四)注意事项

1. 交通工具由学校提供,餐食自理;

2. 参与人员保证身体健康,出发前应休息好,不得隐瞒重大疾病;

3. 参与活动的教师必须遵守活动纪律,不得无故提前离开,做到有始有终;

4. 严格执行安全规定,必须遵守纪律,听从安排;

5. 疫情期间,参加活动过程中,参加教师不得到人员密集场所,全程戴好口罩;

6. 带好防雨、防寒衣物。

(五)经费预算

根据相关要求做好经费预算。

贵州师范大学附属中学李其胜教师工作室
贵州师范大学附属中学金儒成教师工作室
2020年12月23日

二、学生野外研学实践方案

贵阳市花溪区高坡苗族乡属高寒山区,总面积120平方千米,最高海拔达1712米,地势北高南低。高坡距贵阳市50余千米,有87个自然寨,居住在此地的民族有汉、苗、布依等。高坡苗族乡多少数民族聚集村寨,民风淳朴,少数民族文化保存完整,历史资源丰富,如特有丧葬文化——洞葬(甲定洞葬)等。

(一)活动目的和意义

新课程标准中提出历史五大核心素养,把"史料实证"素养作为重要的考察内容,而野外调查是一手史料获取的重要渠道。史料的收集、辨别、整理、归类,是历史研究的基础能力。进行田野调查有利于提升学生的史料收集、整理能力,提升学生实践能力,走出课本,回归现实,在现实中感悟人民是历史的创造者,激发对历史的学习和研究兴趣。

新课程标准提出的地理学科核心素养中,把"地理实践力"素养作为重要内容。考察、实验、调查等是地理学重要的研究方法,也是地理课程重要的学习方式。"地理实践力"素养有助于提升学生的行动意识和行动能力,更好地在真实情境中观察和感悟地理环境及其与人类活动的关系,增强社会责任感。课标要求:"结合实例,说明地域文化在城乡景观上的体现。"高坡苗族乡正是达成这一条课标要求的良好体现。

为了提升学生的"史料实证""地理实践力"等学科素养,让学生走出校园,在野外研学中拓宽视野、丰富知识,提升学生的自理能力、创新能力和实践能力,提高学生的学习兴趣,特组织开展此次野外研学活动。此外,学生通过参加此次野外研学活动,可进一步提升我校学生了解家乡、热爱家乡、建设家乡、增进民族情感、促进民族团结的情感态度和价值观。

为了保证此次活动的有效性和安全性，让学生更有收获，工作室拟开展两次考察活动。此次为第二次考察活动，为带领学生进行实地考察，完成研学考察内容。

（二）考查时间

2021年5月9日8：00—18：00

（三）活动内容

1. 高坡苗族乡屯堡建筑及其与地理环境的关系考察；
2. 水塘冰川地貌成因考察；
3. 河流上游河谷地貌特征观察与描述；
4. 走访苗族居民，了解苗族服饰文化的特色；
5. 高坡苗族乡"口述历史"调查与收集；
6. 高坡旅游业与新能源产业发展调查；
7. 高坡云顶草场天然水晶形成条件探索；
8. 高坡地貌特征描述及成因探究。

（四）参加人员

1. 指导专家：

王晓祥（贵州师大附中校长、正高级教师）；

陈红生（贵州师大附中副校长、正高级教师）；

邓 华（贵州师大附中副校长、正高级教师）；

宋 强（贵州省教科院地理教研员，高级教师）。

2. 带队老师：

李其胜，金儒成，杨慧，熊英，汪世勇，金文才，罗卫，张俊，张艳，等。

3. 参加学生：

第1组	第2组	第3组	第4组	第5组
王艺霖	田婕彤	沈玥函	陈彦彤	赖坤璐
冉景超	高嘉馨	黄莉沣	吴长粲	罗陈芳菲
周小乐	黄佳琪	张籍尹	高于岚	黄 雪

（五）任务分工

活动统筹：王晓祥，陈红生，邓华；

前期准备：李其胜，金儒成，刘成名敖小龙，李健，王康，左天伦；

学生培训：陈红生，李其胜，金儒成；

报告撰写：（指导教师）李其胜，金儒成，杨慧，熊英，汪世勇，金文才，罗卫，张俊，张艳（5人一组，每两位教师指导一组）；

信息采集：李其胜，金儒成；

简报：罗卫，汪世勇；

活动工具：熊英，金文才；

交通：令狐昌松（校车）。

（六）注意事项

1. 学生的交通工具由学校提供，饮食自理；

2. 参与人员保证身体健康，出发前应休息好，不得隐瞒重大疾病；

3. 参与活动的师生必须遵守活动纪律，不得无故提前离开，做到自始至终；

4. 严格执行安全规定，必须遵守纪律，听从老师的安排；

5. 学生如有身体不适，应立即报告老师；

6. 疫情期间，参加活动过程中，参加师生不得到人员密集场所，全程戴好口罩；

7. 带好防雨、防寒衣物；

8. 参加学生及时、认真完成报告撰写。

（七）经费预算

根据相关要求做好经费预算。

贵州师范大学附属中学李其胜教师工作室
贵州师范大学附属中学金儒成教师工作室
2020年12月23日

6.1.2 背景资料

（一）高坡概况

花溪高坡位于贵阳市东南端，距贵阳市约50千米，距花溪区政府所在地约31千米，高坡乡地处花溪与龙里、惠水三县（区）交界处，总面积120平方千米，总人口约2.8万人，其中苗族占71%，布依族占3%，汉族占26%。高坡乡属典型的高寒山区，全乡平均海拔1500米，境内最高处皇帝坡海拔1712.1米，也是贵阳市最高处。境内地势北高南低，北部为高山台地，高坡得名大抵由此；南为峰丛洼地，属典型的喀斯特地貌，山高岩底，多溶洞。水系属珠江水系，高坡气候清凉，是绝佳避暑胜地，常年平均气温为12.5—14℃。入秋至仲夏，雾犹多，浓雾弥漫，似人间仙境，令人有虚无缥缈之感。高坡乡地下矿藏丰富，有硅、煤、铁、石英石、大理石、云石、冰洲石、水晶石等，尤以硅矿藏量丰富。

高坡乡地势较高、远离城区，至今还保存有完整的人文自然风光，是一个民族风情浓郁、名胜古迹独特、田园和自然风光秀丽的旅游之乡，加上奇异的喀斯特地貌及保存完好的古老民族风情，另有独特的高山地貌和旖旎的自然风光，共同组成了高坡神奇的景观，研学资源丰富。适合学生开展多种研学。

（二）风力发电

风力发电是指把风的动能转为电能。风能是一种清洁可再生能源。对于缺水、缺燃料和交通不便的沿海岛屿、草原牧区、山区和高原地带来说，因地制宜地利用风力发电，大有可为。

2012年5月和2013年7月，花溪区先后引进总投资8亿余元的云顶风电场一、二期项目，其中，云顶风电场工程一期于2013年5月建成发电，二期项目于2014年7月完工投用。云顶风电场每年可节约标煤3.20万吨、减少二氧化硫排放量约272吨、减少二氧化碳约8.38万吨，对促进贵阳市环境保护和生态文明建设具有积极作用。

图6-1　高坡云顶风电场

6.1.3 图件准备

根据考察内容需要，我们准备了考察区域的水文地质图、考察路线图、相关的景观图片等，以供学生行前学习和考察过程中使用。

图6-2　景观图片（部分）

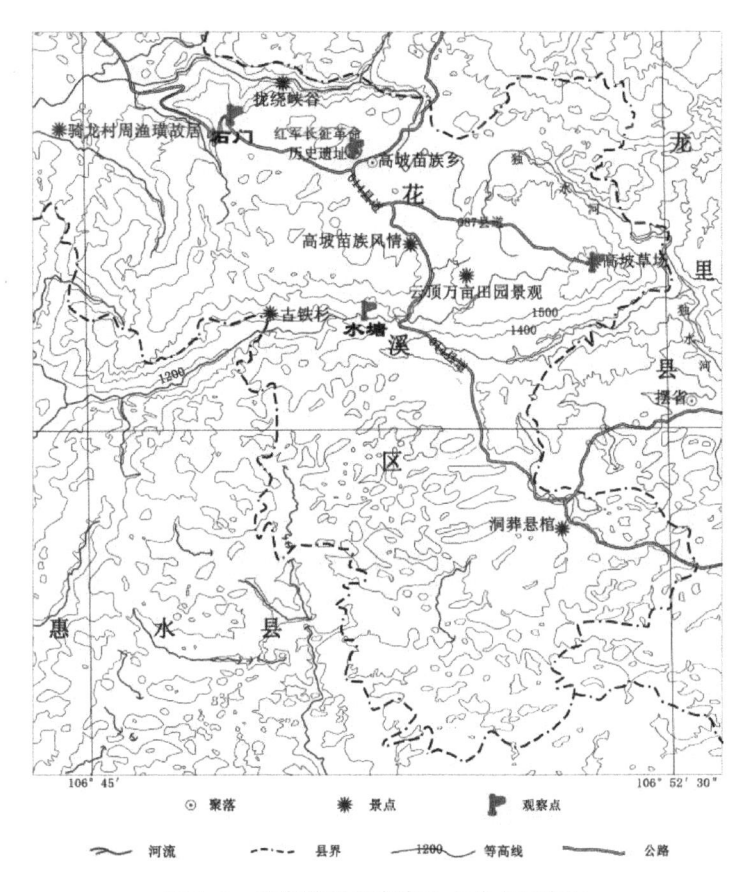

图6-3 考察路线及考察地点分布示意图

6.1.4 行前培训

(一) 研学主题

此次研学内容包括自然地理、人文地理、历史文化和红色教育等不同领域（见表1），涉及地质地貌、矿物、建筑、服饰、语言、民俗、红军长征革命遗迹等多种探究内容。研学旅行线路如图1所示。

主题	内容	任务	地点	方向
高坡乡地质地貌考察	1.了解高坡乡的地质背景，识别喀斯特环境下典型的地貌和常见岩石，了解其结构和分布，简单分析成因。 2.认识水晶，了解其形成过程及分布。 3.观察冰川遗迹，了解冰川地貌的特征，了解冰川地貌结构组成和成因。	1.观察水文地质图，了解高坡乡的地质背景；现场观察桌状山、峡谷、峰丛等典型喀斯特地貌的特点，并分析成因；学会识别一些常见岩石，能简单说出岩石的成因、分布。 2.寻找并识别矿物水晶，了解其形成及分布。 3.观察冰川遗迹，了解冰川地貌的特征，了解冰川地貌结构组成和成因。	石门、高坡水塘、高坡草场	自然地理
高坡乡经济发展现状调查研究	1.高坡草场旅游现状调查 2.草场的价值探究	1.调查高坡草场的旅游资源、农户的经济收入来源。 2.探究的风力发电原理、风车对草场旅游业的作用。草原旅游业发展对策	石门、高坡草场	人文地理
红军长征精神	学习和弘扬红军长征精神	寻找红军长征革命历史遗迹，学习典型人文爱国主义思想，思考如何弘扬红色长征精神	红军长征历史革命遗迹	历史文化与红色教育

（二）研学目标

1、学会观察和识别喀斯特不同的地貌，如峰林峰丛、溶洞、天坑、天窗、峡谷、溶蚀洼地等，简单了解其成因；学会识别常见的矿物并简单描述其成因；了解冰川地貌组成要素及形成过程；学会使用各种APP识别常见植物；了解天气情况，思考喀斯特地貌对人类生产生活的影响。

2、调查高坡风景区旅游现状，提出高坡旅游发展的建议。

3、参观红军长征革命历史遗址，探寻革命遗迹，学习长征精神，思考如何弘扬和发展爱国主义精神和坚持不懈的精神。

（三）安全教育

考察活动前，陈红生副校长介绍了此次野外研学考察的主要内容及相关学科知识，金儒成老师对考察中的安全问题作了相关培训。

图6-4　陈红生副校长与金儒成老师作行前培训

6.2 研学过程

本研学活动共进行两次，第一次为教师进行路线考察与设计，第二次为带领学生进行研学考察。第一次活动过程主要从简报中呈现，此处从简。

6.2.1 教师考察过程（第一次研学过程）

在带领学生进行野外研学过程前，带队教师要进行前期考察与准备。本次研学活动旨在为正式带领学生开展考察做好准备工作，提前探路，规划出研学路线，具体包括寻找红军长征革命历史遗迹，在调查过程中观察总结高坡苗族历史文化风俗习惯与区域内地理环境之间的关系，找到探究高坡地形地貌特征的合适观测点；寻找水晶矿石，探索水晶矿石的成因。

2021年3月21日，李其胜教师工作室与金儒成教师工作室联合前往贵阳市花溪区高坡苗族乡开展"高坡史地野外研学考察"活动，该活动参加人员有工作室顾问邓华副校长、陈红生副校长，工作室主持人李其胜老师、金儒成老师，工作室成员罗家杨、左天伦、李健、敖小龙、罗卫，特邀指导老师贵阳六中秦江老师、贵阳二中罗文攀老师、贵阳三十七中赵亮老师、乐湾国际薛佳佳老师等及部分研究生。

研学考察活动中，重点考察了石门（探讨高坡地形成因）、水塘摆弓岩瀑布（论证"古冰川地貌"）、云顶草场（寻找水晶并探寻其成因以及云顶风电场）、红军长征革命历史遗址（可进行红色教育）等地。设计了一条适合史地联合考察的路线，利于培养学生史料实证、家国情怀、区域认知、地理实践力等核心素养。并进行了下次考察的具体线路规划，包括主要考察点及内容，为正式带学生进行研学考察做好准备工作。

6.2.2 学生研学实践过程（第二次研学过程）

在出发前，先由老师进行安全教育和简单的野外突发事故处理培训，提醒学生准备好相应学习资料、野外实习工具和生活用品。学生提前分组并选出小组长，以防止研学中组织混乱，并由相应的老师负责组员安全。

考察点1：石门 —— 走进喀斯特

巩固、验证理论知识。复习喀斯特的概念，并大致讲述贵阳市整体的地质地貌和贵州省3次构造运动情况。给学生介绍喀斯特地貌不同的地形，例如石芽、石林、峰林、溶沟、落水洞、盲谷、干谷、喀斯特洼地、溶洞等，并简单介绍其形成过程。

图6-5 考察指导与水稻种植景观

野外观察与实践。请学生在水文地质图上找出目前所在位置，使用野外

APP记录该点的海拔、经纬度、地形地势等地理环境信息。老师讲述该地的地貌,指导学生在水文地质图上描出该地轮廓,描述其形状,推测其与地名的联系。老师讲述该地的地质情况,以扰绕峡谷为例,在水文地质图上找出高坡河流所属水系及流经地区,描述水文特征,并分析高坡地垒式地貌成因。

表6-1 石门调查表

研究点	经纬度/°	海拔/米	地势	地貌类型

学生观察二屯岩摩崖,说出并记录其岩石类型和构造特征,分析其成因;识别该地中常见的岩石,如页岩、片麻岩、灰岩等;观察角石、龙纹石的结构特征,了解其成因和分布,介绍龙纹石在生活中的用途。思考喀斯特地貌对人类生产生活的影响。

表6-2 岩石调查表

研究点	经纬度/°	海拔/米	岩石类型	特征

考察目的:识别喀斯特地区的不同地貌,了解高坡的地质背景及地貌成因,学会野外考察的一般方法,学以致用,形成区域认知,为人文地理的探究学习提供基础。学会识别常见的岩石,丰富学生基本地理知识,学会分析身边具体事物的能力,思考如何解决现实问题,培养学生综合思维能力。

考察点2:水塘村摆弓岩瀑布 —— 认识冰川地貌

在老师的引导下,学生观察水塘摆弓岩冰川地貌遗迹,识别其涉及的结构名称,观察水塘残存的"U"形谷、冰刃、角峰及冰斗等,并简单了解其成因;观察并记录冰川地貌的地理环境信息,认识冰川地貌,观察瀑布、对比完整冰斗与瀑布的形态结构,推测其演化过程;使用APP识别周围植被,介绍贵州省的植被分带特征,以及植被所属类型,分析植被与土壤的关系;欣赏大瀑布的自然之美,小组合作对当地人或游客进行问卷调查,收集并处理数据，了解大瀑布旅游现状，分析现阶段旅游的问题，思考如何通过冰川遗迹与大瀑布进行旅游资源的开发与布局。

图6-6　考察摆弓岩瀑布

考察目的：认识冰川地貌，了解植被与土壤的关系，学会收集信息并解决实际问题，培养合作探究精神。

考察点3：高坡云顶草场

老师简单介绍云顶高坡风景区，引导学生通过不同的形式了解云顶风景区旅游现状，了解云顶风景区旅游设施和项目、收入及环境卫生情况，调查云顶风景区旅游的影响因素等，并做好相关记录。

图6-7　学生找水晶（左图）、高坡云顶风电场（右图）

布置小组任务（30分钟）：

任务一：通过网络资料法、实地调查法等方法了解云顶风景区旅游设施和项目、旅游收入和旅游的影响因素；

任务二：实地调查高坡云顶草场的环境状况，观察风车结构，思考风力发电的原理及作用；

任务三：寻找水晶，搜集一些常见矿物的资料照片，分析矿物的成因。

小组探究活动：

1. 学生小组在老师的指导下做好小组间以及小组内成员间的任务分配，并做简单的计划，争取在规定的时间内完成任务，分配任务时做到人人参与。

2. 实地观察或访问当地人了解云顶风景区现有的和在建的旅游设施和项目，通过网络资料或访问工作人员了解旺季和淡季的旅游收入情况，调查高坡云顶风景区旅游存在的问题，比如人口结构，并分析有利和不利因素。

3. 调查云顶高坡的水资源、草场环境污染情况，观察风车结构组成，查阅风车工作原理和条件，从发电和旅游角度思考风车的作用。

4. 寻找水晶，观察水晶的结构特征及成因，收集矿物相关文字和图片资料，了解贵州省常见矿物并学会识别，各个环节做好拍照和文字记录。

考察目的：调查高坡云顶风景区旅游现状，分析旅游存在的问题，了解矿物识别的一般方法，学会分析身边的问题，培养学生动手实践能力，培养学生合作探究精神，激发学生认识身边事物的热情，并培养学生解决身边地理问题的能力。

表 6-3　高坡云顶草场调查表

研究点		
任务	研究内容	研究结果
任务一	旅游设施和项目	
	旅游收入情况	
	影响因素	

（续表）

研究点		
任务二	高坡云顶草场的环境	
	风车发电原理	
	风车发电的作用	
任务三	一般的矿物及成因	
	水晶及其成因	

考察点4：红军长征历史革命遗迹

老师带领学生寻找红军长征革命历史遗迹，了解抗日战争、长征等历史背景，通过小组合作收集红军长征革命历史背景，引导学生从地理角度思考为什么红军长征选择在高坡驻扎？如何弘扬长征精神？

图6-8 李老师讲解历史（左图）、学生祭拜先烈（右图）

学生通过小组合作，在老师带领下寻找红军长征革命遗迹，比如当时的革命宣传标语、红军陵墓和革命军人像等具有历史性的红色事物；采访当地年纪较大的居民，或者网上查找资料，了解红军长征的背景，了解当时艰苦卓绝的长征历程；从地理位置、战事历史思考红军在高坡驻扎的原因，思考如何弘扬长征精神和进行爱国主义教育，比如大力宣传红色旅游、通过历史事件挖掘红色意义。

考察目的：使学生了解红军长征的背景、意义，思考如何发扬红军长征精神、艰苦奋斗的精神，树立国家意识，培养爱国主义情操。

6.3 研学成果

在对花溪高坡进行两次野外研学实践后，工作室对考察过程与成果进行了展示，督促学生总结了考察成果。一是撰写了两次活动简报进行宣传展示，二是学生针对考察中提出的问题和解决问题的过程和结果进行了文字总结，形成了考察报告。

6.3.1 活动简报

针对两次野外研学活动，均以简报的形式呈现研学成果，呈现内容包括考察整个过程、收获与感想等，有利于展示活动过程，引导相关研学活动的开展。

一、第一次活动简报

高坡乡第一次史地野外研学考察

（贵州师范大学附属中学金儒成教师工作室　第055期　2021年3月22日）

2021年3月21日晨，李其胜教师工作室与金儒成教师工作室联合前往贵阳市花溪区高坡苗族乡开展"高坡史地野外研学考察"活动，该活动旨在为正式带领学生开展考察前提前探路，规划出相应路线，力求寻找到红军长征革命历史遗迹；在调查过程中观察总结高坡苗族历史文化风俗习惯（建筑、服饰、语言、民俗等）与区域内地理环境之间的关系；找到合适的观测点探究高坡的地形地貌特征；寻找水晶矿石，探索水晶矿石的成因。活动参加人员有工作室顾问邓华副校长、陈红生副校长，工作室主持人李其胜老师、金儒成老师，工作室成员罗家杨、左天伦、李健、敖小龙、罗卫，特邀指导老师贵阳六中秦江老师、贵阳二中罗文攀老师、贵阳三十七中赵亮老师、乐湾国际薛佳佳老师等及部分研究生。

图6-9　野外考察团队

（一）出发前准备

在此之前工作室收集了考察点的相关资料并进行整理，对高坡苗族乡的所属辖区概况及其相关水文特征进行官方取证，制定了周密的考察方案并报学校审批通过。在得到学校的同意后举行了此次野外研学考察活动。

（二）考察记录

考察点1：石门

3月21日早上九点过抵达高坡苗族乡扰绕村，在陈红生校长的介绍和带领下来到了石门观景台，了解到"高坡"乡名与该地地形有关，观察了该地的地理位置和地貌特征。据陈红生校长讲解，高坡为典型的地垒式高山台地，其地貌为内外力共同作用的结果。结合地质图可以看到，该地四周为四个正断层，四周下沉，中间上升，周围都是悬崖峭壁，中间平坦，犹如一张"桌子"，也称"桌状山"，这是内力作用的结果。此外，陈红生校长还介绍到其受外力作用较弱，该地地层为泥盆纪的厚层石英砂岩，比较坚硬，抗侵蚀能力强，加上岩层平缓，抗风化能力强。因此，中间抬升部分的地表比较平坦。

图6-10 陈红生副校长在石门观景台作解说

考察点2：摆弓岩瀑布（水塘）

该日十点左右全体乘车前往水塘村摆弓岩瀑布观测点，就专家对该地地貌为"古冰川地貌"这一推论进行考察，具体考察了冰斗（摆弓岩瀑布）和冰刃脊等地貌。溪水从峡谷绝壁上飞流而下，形成瀑布，瀑布两侧由陡峭的山坡环绕，据陈红生校长讲解该地为典型的冰川地貌遗迹，并已有地质学家进行考察推论。为了取证，在陈红生校长的指引下，分别从瀑布的上游和底端以及两侧的山坡等不同角度进行观察，发现确实存在漏斗型的冰斗，即摆弓岩瀑布；而瀑布两侧陡峭的山坡为冰刃脊。

图6-11 瀑布上游考察（左图）、冰斗形成的摆弓岩瀑布（中图）、冰刃脊遗迹（右图）

考察点3：云顶草场

十一点半左右，全体成员从水塘村观测点启程前往云顶草场探究天然水晶矿石的形成条件。云顶草场分布有天然水晶矿石，陈红生校长讲解了天然水晶形成的物质条件，即高坡有泥盆纪中上统的厚层石英砂岩，在经过高温高压长期作用后形成水晶，它是硅物质结晶沉淀形成的六面柱状等形态多样的水晶矿物，后受风化侵蚀、差异风化等外力作用出露地表。随后，在云顶草场许多老师都寻找到了天然水晶矿石。

图6-12　天然水晶矿石

考察点4：红军长征革命历史遗址

午饭后，稍作休息，于下午一点半到达高坡红军长征革命历史遗址点，在当地村民与工作人员的指引下，先后找到了"红军墓"和"红军标语"等红色爱国主义长征文化遗址。这里是培养学生爱党、爱国情怀的重要红色文化基地，也是进行"史料实证"的重要载体。据李其胜老师介绍，红军长征经过高坡期间，在民宅墙上绘制标语、漫画向群众宣传抗日与爱国救亡工作。

图6-13　红军宣传标语及宣传画

（三）总结

高坡苗族乡以少数民族聚集的自然村寨为主，民风淳朴，民族文化保存完整，历史资源丰富，喀斯特高原地貌典型（峡谷、石林、草场、瀑布等），集自然和人文景观于一体，是组织中小学生进行校外研学实践考察的理想场所。在沿途的考察中可以发现，高坡为典型的高原台地，地势北高南低，北为高山台地，南为峰丛洼地；出露地层主要为石炭纪和泥盆纪，台地部分地层平缓，岩性以石英砂岩为主，抗侵蚀、抗风化能力强。同时通过实地的考察也可以判断冰川地貌确实存在。此外其独特的自然地理环境对当地的建筑、农业生产、苗族文化、民风民俗等有一定程度的影响。

由于红军长征过程中经过高坡，更是留下了丰富的爱国主义教育资源，让我们还能借助当初红军留下的"宣传标语和漫画"来促进中小学生了解家乡、了解祖国，从而增进民族情感、促进民族团结。

二、第二次活动简报

高坡乡第二次史地野外研学考察

（贵州师范大学附属中学金儒成教师工作室　第060期　2021年5月10日）

为提升学生的"地理实践力""史料实证"等学科素养，让学生走出校园，在野外研学中拓宽视野、丰富知识，提升学生的自理能力、创新能力和实践能力，提高学生的学习兴趣，2021年5月9日，师大附中金儒成教师工作室联合李其胜教师工作室组织部分学生前往贵阳市花溪高坡乡开展"高坡史地野外研学考察"活动，参与此次野外研学考察的教师有工作室顾问陈红生副校长、工作室主持人金儒成老师、李其胜老师，工作室成员敖小龙、罗卫、金文才以及师大附中地理组熊英等老师，特邀贵州省教科院地理教研员宋强老师参加此次考察活动。

考察活动前，陈红生副校长介绍了此次野外研学考察的主要内容及相关学科知识，金儒成老师对考察中的安全问题作了相关培训。

考察点1 石门

5月9日上午，野外研学考察队伍首先对石门开展考察。在此考察点，主要考察了"高坡"地名与该地地形之间的关系、河流上游河谷地貌特征观察与描述、季风水田农业生产特点、"角石"化石特征等内容，锻炼和培养了学生的综合思维及地理实践力。

图6-14 陈红生副校长给同学们讲解相关知识（左图）、"角石"化石与龙鳞石（右图）

考察点2 水塘村摆弓岩瀑布

随后，研学队伍乘车前往水塘村考察冰川地貌。由于长期处于高温潮湿环境，风化、侵蚀作用较强烈，冰川地貌已不明显，但还是可以观察到残存的冰刃、角峰以及由冰斗演化而来的瀑布等景观。

图6-15 摆弓岩瀑布（左图）、利用"形色"软件识别植物（右图）

考察点3 高坡云顶草场

随后，考察队伍到达高坡云顶草场探究天然水晶矿石的形成条件。云顶草场分布有天然水晶矿石，该处岩石组成主要为泥盆纪中上统厚层石英砂岩，在长期高温高压作用下，硅物质结晶沉淀形成六面柱状等形态多样的水晶矿物，后经风化侵蚀等外力作用出露地表。同学们在云顶草场找寻到大量天然水晶矿物。

图6-16 同学们找寻天然水晶矿石

考察点4 红军长征革命历史遗址

下午，研学队伍沿路线到达红军革命历史遗址。在此考察点，同学们找到了红军宣传标语"反对国民党的卖国政策"以及宣传画，随后同学们向革命烈士敬献花篮，表达了对英勇牺牲红军的敬仰之情。通过对此考察点开展研学活动，增强了学生对党史革命史的了解，激发了学生的爱党爱国之情。

图6-17 红军宣传标语及宣传画（左图）、学生向红军敬献花篮（右图）

在此次野外研学考察活动中，同学们勤于思考并且积极提问，提升了行动意识和行动能力，同时自身"地理实践力""史料实证"等学科核心素养得到了发展，也增进了爱国爱党以及热爱家乡、建设家乡的情感。

图6-18 考察队伍合影

6.3.2 学生研学报告选编

在学生进行考察后,每个小组根据本组重点负责的内容,撰写了相应的研学考察报告,共收到六篇考察报告,现展示部分考察报告,呈现学生的考察心得。

(一)水塘村冰川地貌考察

作者:黄佳琪,周小乐,沈玥函

此次研学考察的目的地是高坡乡水塘村,它位于高坡乡西南面,村子背山面水,环境优美,全村平均海拔1350米,自然景观丰富,拥有天然形成的摆弓岩瀑布、古河道和古井等。

摆弓岩瀑布,因岩壁像屋檐一样倒悬,又被当地人称为吊水岩瀑布。瀑布从峡谷岩壁飞流而下,形成三级瀑布:第一级高60米,水落处形成深10米,直径40米的深潭;第二级高16米,形态多样;第三级高92米,气势最为磅礴。瀑布四周绿荫覆盖,景色优美。在第一级瀑布顶上,只能听见水声,却看不见瀑布本身。想要一览瀑布全貌,需要走到对面的山上,或者下到瀑布底的深潭边。沿着来时的公路,有一条落满树叶的林间小路可以通往瀑布对面的山林。继续往里走,沿着陡峭的小路可以下到峡谷底部。这一路上可以从草木缝隙间望见第一级瀑布,但均不能窥得其全貌。下到谷底后,就可以看见潺潺流水。沿着河流继续向上走,不久就能看到一潭碧绿,四周草木茂盛至此,方能将第一级瀑布尽收眼底。在这里我们发现,整个河谷呈U型,四周的岩壁陡峭。我们又掉头顺流而下,发现谷底地势平坦,水流量小,水流清澈见底。

图6-19 摆弓岩瀑布

此处的瀑布景观也是冰川地貌。可以从三个方面判断。第一，摆弓岩瀑布的河谷呈U型。U型谷也称槽谷。槽谷的形成是冰川下蚀和展宽的结果。槽谷的两侧有明显的谷肩，谷肩以下的谷壁平直而陡立，冰川谷两侧山嘴被侵蚀削平形成冰蚀三角面。第二，站在第一级瀑布底深潭旁抬头向周围的山顶上看去可以看见角峰。冰斗是山地冰川重要的冰蚀地貌之一，它位于冰川的源头。典型的冰斗是一个围椅状洼地，三面是陡峭的岩壁，底部是磨光的岩石斗底。相邻的冰斗之间的刀刃状称为刃脊。几个冰斗后壁所交汇的山峰，峰高顶尖，称为角峰。这些都是冰川地貌所特有的。第三，在第一级瀑布底，地势平坦，并且有冰蚀湖。冰蚀湖是冰川湖的一种。冰川在重力作用下沿谷底向下移动时往往夹带巨大的破碎的岩石前进，它可以磨蚀地表成为凹地，积水后成为湖泊。

至于这里冰川地貌的形成原因也有几点。首先，水塘村海拔高。众所周知，海拔越高温度越低，当海拔超过一定高度时，温度就会降到0℃以下，降落的固态降水才能常年存在。其次，因为水塘村冰川地貌为山岳冰川，所以周围的山不会过于陡峭，便于积雪形成冰川。最后，寒冷时下雪，随着外界条件和时间变化，雪花会变成粒雪，随着时间的推移，粒雪之间的硬度和它们之间的紧密度不断增加，大大小小的粒雪相互挤压，紧密地镶嵌在一起，其间的孔隙不断缩小，雪层的亮度和透明度逐渐减弱，一些空气也被封闭在里面，这样就形成了冰川冰。经过漫长岁月，冰川冰由最初的乳白色变成像蓝色水晶一样的老冰川冰。冰川冰在重力作用下沿着山坡慢慢流下形成冰川，而冰川地貌就是受冰川侵蚀推积作用形成的。

（二）高坡地貌特征描述和成因初探

作者：冉景超

贵阳市花溪区高坡苗族乡，隶属贵州省贵阳市花溪区，地处花溪区南部，因其奇特的高原平台地形，被赋予高坡之名。今天，我们所探究的，正是高坡的地貌特征及其成因。

说到高坡的地貌特征，由它的名字便可以得到：中间高，四周低，不仅如此，其山顶不同于其他山地的地貌，它的最高层呈平原状，从远处看去，就如同一张桌子一般，这就是整个高坡地貌最重要的一环——桌状山地貌。

什么是桌状山呢？简单来说，桌状地貌是指顶平如桌面，四周被陡崖围限的山体。在产状水平或平缓的岩层分布的地区，受到强烈的切割后，顶部覆有坚硬的岩层时，就会形成桌状方山。桌状山的形成主要受岩性、地壳运动和流水侵蚀三个因素影响。

根据顾恺之吃甘蔗的原则，我们来一个接一个的剖析。

岩性方面，桌状山的岩层结构是上层较硬，下层较软，这是最基础的一个，如果土层方面不能满足，其他两个因素再怎么良好也是形成不了的。而高坡，正符合这种要求，其岩层结构主要为泥质灰岩、石灰岩和砂岩其质地较软，形成良好的岩性条件。

地壳方面，实际上，桌状山的形成正是一种断层地貌，其四周下降，中心抬升，使得各种侵蚀开始作用。

河水侵蚀方面，贵州作为典型的喀斯特地貌，有着地上流域面积广阔的河流，这也为流水侵蚀奠定了自然条件。风雨、流水切割并侵蚀了岩层，使得大部分岩层被侵蚀，所留下来的原始桌状山，其实都是大部分岩层被侵蚀后所留下的小部分残存。

最后，在外力侵蚀的作用下，桌状山逐渐成形，形成了我们现在所看到的高坡。

以上就是高坡地貌特征和成因初探的所有过程。高坡，一个处在山地，却如同平原的地方……

（三）高坡云顶草场天然水晶形成条件探索

作者：田婕彤 高嘉馨 张哲傲

水晶是大自然造就的旷世奇石，它蕴含着天地间的灵秀之气，不仅如此，人们还赋予了水晶许多美丽的传说，把象征和希望寓于水晶之中。

此次高坡史地野外研学考察，我们小组去到了高坡云顶草场，完成天然水晶形成条件的探索。

在草场外沿的土层中拾得水晶若干，经调查，该地多为沉积岩，水晶为六棱柱状，但在多种因素下，规则六棱柱状水晶并不多，多上结晶不完整，其间大小不一，多为无色透明，也有少数透红或透紫。

据资料可知，天然水晶或水晶石生于地下，从另一个角度说，完全是大自然的产物。水晶生长在地壳深处，通常都要经历火山和地震，个别石英水晶的形成过程需要上亿年的时间。水晶在形成过程中凝结了巨大的热量和力量，是由一个单一的硅原子在高温高压的作用下，与在高温状态下的水原子或周围的蒸汽中释放出来的氧原子组合而成。原子组合以后就形成了带有单一水晶细胞的二氧化硅，所有的石英水晶都是由这种物质组成的。在上千年的漫长岁月中，若条件允许，这种单一水晶"细胞"的二氧化硅便会慢慢"长大"，但周围的流体必须含有适量的硅和水或是长期处于高温高压下的蒸汽。在不断地衍生后，水晶会搭起一个三维结构架——"水晶架"由此得名。就这样日积月累，渐渐的一块纯净透明的天然石英水晶就形成了。它的天然状态呈多棱形，通常是六棱形，长到最佳点就逐渐变细。

但并不是每块天然石英水晶都是完美的，在生长过程中它有可能受到周围铁、铝等大量物质的侵害，结果就出现了色泽上的变化。比如铝会使水晶变成烟灰色，这样的水晶被称为"烟色石英"；铁会使水晶变成暗粉色，这样的水晶被称为"玫瑰石英"。各种色泽的水晶，自古以来还有着"爱神之箭"的雅号。除此之外高强度的辐射也会影响水晶的生长和色泽。只在没有射线和其他追踪元素的地方，才有可能长出百分之百纯净透明的水晶。

云顶草场位于贵阳市内海拔最高的区域内，海拔高达1762米，是贵阳市紫外线最强的区域。且贵州有着大量的铝和铁等矿产。根据我们在云顶草场所拾水晶形态也可推测，之所以水晶不够纯净，结晶不完全，色泽不一，与草场海拔高，光照强度大，紫外线强，和地层中的金属元素有着很大关系。

总的来说，这次高坡云顶草场天然水晶的探索调查，我们小组了解到了天然水晶的形成方式以及形状特征，每一粒水晶都是大自然经几千万年甚至上亿年后的杰作，不得不让人感叹大自然的鬼斧神工，并且水晶的美，是经过了无数的变化，才有了今天的光彩夺目。

（四）河流上游河谷地貌特征观察与描述

作者：王艺霖，陈彦彤，吴长粲

河流是聚落发展的起源地，是人类文明的发源地，人类在对河流的不断索取中也在逐渐进行着探索，这次我们去到了贵州省贵阳市花溪区高坡河流上游河谷对其地貌特征进行了观察。

高坡河流上游河谷为红岩峡谷，其名得于峡谷中出产的红色岩石。高坡红岩峡谷有五大景观特征："雄、奇、秀、险、幽"。河流上游河谷呈V型，"V"型谷：主要分布在山区。河流切入基岩，河谷横剖面呈"V"形，两侧高，中间低，河床纵剖面坡降很大，河床底部起伏不平，水流湍急，沿河多急流和瀑布，侵蚀作用以向下侵蚀为主。峡谷的横剖面呈明显的"V"字形，谷坡陡峭，谷坡上有阶梯状陡坡，谷底出现岩滩及雏形河漫滩。高坡V形河谷常形成于坚硬的石英砂岩分布区。

站在高处望去，一片葱绿，植被覆盖率高，对土壤保护好，涵养水源的能力强，水土流失的状况相对不会特别严重，因此河流含沙量少，河水较清澈，向西流入长江、珠江流域。

在力的作用下河谷两岸形成桌状山，其平板状山体是砂岩层暴露于强风和受流水侵蚀所形成。山顶被当地居民发展为水田，为典型季风水田农业，其生产特点是小农经营、单位面积产量高但商品率低、机械化和科技水平较低，当地居民仍延续铁犁牛耕，每遇雨季便将雨水蓄积在水田中，再利用其相邻河谷中河水进行灌溉，因此水利工程量大。除此之外，高坡奇特的喀斯特地貌、保存完好的民族风情和美丽动人的自然风光，共同组成了一幅神奇而秀美的画卷，独特的地貌特征与环境吸引大批游客来此旅游，有利于发展第三产业带动当地经济发展。

河谷和河流的"奇"是高坡美景的重要特点，也是自然赐给人类文明的宝藏，它孕育了高坡人民的生命，又助力高坡人民改善生活。我们对高坡苗族乡河谷地貌特征的调查不仅仅是为了研究河谷，更是为了保护其不遭到破坏，这是我们回馈给自然最好的礼物。

7 精品线路设计
——花溪思雅河

研学精品线路是在长期研学实践过程中筛选出的考察点密集且典型性强、考察内容多样化、考察线路环境安全、交通可达性较好、适合对应学段学生进行的线路。思雅河原名思丫河，位于贵阳市花溪区党武乡境内，向南流汇入涟江，为珠江水系。思雅河西、北侧的松柏山水库向北汇入南明河，为长江水系。贵阳市花溪区党武街道办事处境内成为我国长江珠江两大流域的分水岭。在该地区进行研学考察后发现，该条线路具备以上特点，可以设计为研学精品线路。

7.1 线路选取

选取党武境内的思雅河设计研学精品线路，是经过我工作室团队的野外考察，咨询相关专家、进行大量资料查阅后初步确定的线路。该线路满足精品线路设计的要求：

第一、考察点密集且代表性强。考察点相对密集，有利于教师在有限的时间内，完成更多的研学任务。该区域考察点多，进行河流源头考察，可以选取白马洞、葫芦井等点进行考察；进行分水岭考察，可以选取相关地点；进行地下水考察，可以选取当阳泉眼、葫芦井等点进行考察；进行人类活动对水域的影响考察，可以选取金牛湖、抽水房、松柏山水库等点进行考察；进行特色民居考察，可以选取当阳石板房等点进行考察。从考察的典型性来看，该区域在较小范围呈现了典型的地表水、地下水、分水岭等自然地理内容，还有特色民居等人文地理内容，且可观察性强。

第二，考察内容的多样性。本条线路涵盖河流水文和水系特征、水环境保护、特色民居等内容，尤其是分水岭这一特殊主题，在这个地方可以得到较好地呈现。对这一区域进行分水岭考察，还可结合野外研学的具体需要进行湿地、植被、农业发展等考察。

第三，考察区域线路环境安全。在规划研学线路时，务必了解与掌握线路的安全状况，要选择危险性小、安全性高的线路。整个区域的各主要考察点均位于硬化的公路附近，步行和乘车安全性较好；周围村寨很多，居民素质较高；靠近党武街道办事处、派出所和医院，靠近大学城，人身安全有一定保障等。

第四，考察区域交通可达性较强。带学生外出研学，由于出行时间限制，首先要选离学校比较近的地区，缩短往返通勤时间，保证更充分的考察时间。其次，要选择交通便利的地点，便于师生顺利到达考察地点，按时开展研学活动，并顺利返回学校。本考察区域位于贵阳市周边、贵安新区大学城附近，距离贵阳市中心30多千米，距离贵州师范大学附属中学（大学城校区）7千米左右。

第五，考察区域基础设施较为完善。考察区域位于党武街道附近，可以提供就餐、休息等地点。考察线路大部分是硬化水泥路面，坡度较小。

7.2 线路调研准备

进行线路调研，必须进行相应的准备。由于是设计精品线路，一是教师要进行前期考察，二是要带领学生进行考察，以确定可行性和发现问题。当然，在进行本条线路设计及考察点确定时，还邀请到了相关专家进行实地指导。在进行线路调研准备时，要做的事情有：进行活动方案设计，准备相关背景知识和图件，进行安全教育等。

7.2.1 活动方案

本精品线路的设计，前后共开展了三次考察，第一次为教师前期调研，第二次为学生研学实践，第三次为专家论证。三次活动依次推进，以保证该精品线路设计的可行性，为后面的使用者提供更为科学的指导。

一、《"寻找分水岭 探源思雅河"野外研学考察》第一次调研活动方案

贵阳市花溪区位于长江流域与珠江流域分水岭处，该处距离贵阳市和我校宝山校区等地较近，靠近我校大学城校区（贵州师范大学附属中学大学城校区）。对该分水岭处的思雅河进行探源，寻找分水岭所在具体位置，是一个可以组织实施的野外研学活动。

一、活动目的和意义

新课程标准提出的地理学科核心素养中，把"地理实践力"素养作为重要内容。考察、实验、调查等是地理学重要的研究方法，也是地理课程重要的学习方式。"地理实践力"素养有助于提升学生的行动意识和行动能力，更好地在真实情境中观察和感悟地理环境及其与人类活动的关系，增强社会责任感。

为提高学生的"地理实践力"，培养学科核心素养，让学生走出校园，在野外研学中拓宽视野、丰富知识，提升学生的自理能力、创新精神和实践能力，提高学生地理学习兴趣，培养学生的家国情怀，拟开展到花溪思雅河的野外研学活动。为保证此次活动的有效性、安全性，让学生有更多的获得感。我工作室拟组织两次考察活动：第一次为教师实地考察踩点，设计考察路线；第二次为带领学生进行野外研学，完成相应的研学项目。本方案主要针对第一次调研。

二、考查时间

考察时间定为2020年11月21日9：00—18：00，具体安排如下：

	时间	活动内容
上午	9：00—10：00	乘校车前往金牛湖附近
上午	10：00—11：30	考察金牛湖、摆牛河
上午	11：30—12：00	乘校车前往葫芦井
下午	12：00—13：30	在葫芦井附近吃中餐，休息
下午	13：30—14：00	前往当阳村、新寨磴坡

（续表）

	时间	活动内容
下午	14:00—16:00	寻找分水岭
	16:00—17:00	探访石板房
	17:00—18:00	返程

三、参与人员

1. 指导专家：

陈红生（贵州师大附中副校长、正高级教师）

宋　强（贵州省教育科学院地理教研员，高级教师）

张玉玲（贵阳市教育科学研究所地理教研员，高级教师）

王利亚（贵阳市第一中学高中地理教师，高级教师）

2. 老师：

金儒成（高级教师），罗家杨（高级教师），张国洋（高级教师），雷显兵，刘成名，罗卫，敖小龙，朱鑫（高级教师），贾敏

潘成艳（地理实习教师）等

3. 特邀工作室：

贵阳市高中地理秦江名师工作室；

贵州师范大学附属中学陈惠萍教师工作室。

四、任务分工

1. 前期准备：陈红生，金儒成，刘成名，敖小龙

2. 学生培训：陈红生，金儒成

3. 活动工具：雷显兵，刘成名，敖小龙

4. 信息采集：罗家杨，雷显兵，贾　敏

5. 报告撰写：金儒成，罗　卫

6. 简　　报：罗家杨，罗　卫

7. 交通（校车）：令狐昌松

五、注意事项

1. 参与人员保证身体健康，出发前应休息好，不得隐瞒重大疾病；

2. 严格执行安全规定，必须遵守纪律，参与人员中途不得无故离开；

3. 疫情期间，参加活动过程中，不得到人员密集场所，戴好口罩；

4. 带好防雨、防寒衣物；

5. 及时、认真完成研学报告。

六、活动内容

本次调研活动拟完成以下内容：①河源一般地理特征（地形、气候、水文、土壤、植被）及划分标准；②确定青岩河源头；③找到长江流域（松柏山水库）与珠江流域（青岩河源头）的分水岭；④调查洛平水利枢纽工程是否沟通了南明河和青岩河两大水系；⑤确定带学生研学时的考察点和考察路线。

七、经费预算

根据相关要求做好经费预算。

贵州师范大学附属中学金儒成教师工作室
2020 年 11 月 16 日

二、《"寻找分水岭 探源思雅河"野外研学考察》第二次研学活动方案

贵阳市花溪区位于长江流域与珠江流域分水岭处，该处距离贵阳市和我校宝山校区等地较近，靠近我校大学城校区。通过前期调研发现，对该分水岭处的思雅河进行探源，是一个可以组织实施的野外研学活动。

一、活动目的和意义

新课程标准提出的地理学科核心素养中，把"地理实践力"素养作为重要内容。"地理实践力"素养有助于提升人们的行动意识和行动能力，更好地在真实情境中观察和感悟地理环境及其与人类活动的关系，增强社会责任感。学生要能够运用所学知识和地理工具，在室内、野外和社会的真实环境下，通过考察、实验、调查等方式获取地理信息，探索和尝试解决实际问题，具备活动策划、实施等行动能力。

为提高学生的"地理实践力"，培养学科核心素养，让学生走出校园，在野外研学中拓宽视野、丰富知识，提升学生的自理能力、创新精神和实践

能力，提高学生地理学习兴趣，特组织开展此次野外研学活动。希望通过此次野外研学活动，让学生明白河流的发源地的水文与水系特征，明白分水岭的特点及确定方法，通过了解人类活动对水环境的影响树立正确的人地协调观，让学生学会人际交往、学会组织、学会与人合作，提升学生热爱家乡的情感。

二、考察时间及活动安排

考察时间2020年11月28日8：30—18：00。

1.上午：考察金牛湖。主要考察内容：金牛湖概况及城市建设对金牛湖的影响；摆牛河河源查找及河源特征等。

2.下午：考察葫芦井和分水岭。主要考察内容：葫芦井等地下水露头，分水岭查找，松柏山水库等。

三、参与人员

1.**指导专家：**

陈红生（贵州师大附中副校长、正高级教师）

杨　慧（贵州师大附中高中历史教师，高级教师）

罗文攀（贵阳市第二中学高中地理教师，高级教师）

2.**带队老师：**

金儒成（高级教师），罗家杨（高级教师），张国洋（高级教师），雷显兵，刘成名，罗卫，敖小龙，王敏，贾敏等

3.**参加学生：**

高一（13）班部分学生（名单见分组）。

四、任务分工

第一组：

课　　题：青岩河与南明河分水岭考察及确定

负责学生：王淑静，冉人匀，史子祺

指导教师：罗家杨，雷显兵，王　敏

第二组：

课　　题：人类活动对摆牛河河源环境影响考察

负责学生：杨镔琳，蹇欣邑，张哲傲

指导教师：罗　卫，张国洋

第三组：

课　　题：小黄马河源头水污染及其防治考察

负责学生：马丹黎，赵　青，陶　烨

指导教师：刘成名

第四组：

课　　题：水坝选址与地理环境的关系考察

负责学生：王　涵，项瑞欣，黄馨予

指导教师：敖小龙

第五组：

课　　题：水库库容与水土流失的关系考察与探讨——以金牛湖为例

负责学生：陈泫甫，王艺霖

指导教师：陈红生，贾　敏

第六组：

课　　题：新寨后坡（山）与小寨后坡（山）确定为分水岭的依据

负责学生：王淑静　冉人匀　史子祺

指导教师：罗家杨　雷显兵　王　敏

影像资料收集、统稿：金儒成

五、注意事项

1. 学生自备往返车费，餐食自理；如有身体不适，应立即报告老师；严格执行安全规定，必须遵守纪律，听从老师的安排；及时、认真完成报告撰写。

2. 学生间团结友爱，相互帮助。相互尊重，和谐相处，保持途中愉快心情，不抱怨，不发牢骚。乘车时禁止大声喧哗以及打闹。

3. 遵守考察纪律，保证身体健康。参与人员保证身体健康，出发前应休息好，不得隐瞒重大疾病；带好防雨、防寒衣物；中途不得无故离开。

4. 疫情期间，参加活动过程中，师生不得到人员密集场所，戴好口罩。

5. 严格遵守活动时间安排，注意人身和物品安全。考察过程中，注意步行和交通安全；在水域附近，注意水环境对人身安全的影响；登山时注意落石，小心滑倒。

六、经费预算

根据相关要求做好经费预算。

贵州师范大学附属中学金儒成教师工作室
2020年11月26日

三、设立分水岭标志考察方案（第三次考察方案）

综合分析思雅河所在区域地理环境特点，结合前两次的研学考察结果，综合研判认为该地可作为精品线路进行设计。不仅如此，该地还可选定一个位置设立长江流域与珠江流域分水岭标志物。在此想法之下，工作室特邀贵州师范大学地理与环境科学学院、喀斯特研究院的相关专家进行论证考察。

一、参加人员

1.贵州师范大学地理与环境科学学院和喀斯特研究院：

（1）周忠发（院长，教授，博士生导师）；

（2）焦树林（教授，博士生导师）；

（3）罗　娅（教授，硕士生导师）；

（4）杨恩林（教授，硕士生导师）。

2.贵州师范大学附属中学金儒成教师工作室：

（1）陈红生（副校长，地理正高级教师）；

（3）金儒成（工作室主持人，地理高级教师）；

（7）雷显兵（地理高级教师）。

二、考察地点

根据本次考察的主题，选取的考察点主要为葫芦井、当阳泉眼、两山鞍部、松柏山水库一侧泉眼及水塘等。考察线路需步行5公里左右。

三、其他安排

1.交通工具：自驾

2.时间安排

（1）到达时间：2021年3月27日11：00

（2）考察点安排：10：00-12：00葫芦井；13：00-14：00当阳泉眼、两山鞍部；14：00-15：00松柏山水库一侧泉眼及水塘。

（3）研讨时间及地点：16：00-18：00贵州师范大学地理与环境科学学院

3.其他未尽事宜现场协商解决。

贵州师范大学附属中学金儒成教师工作室
2021年3月20日

7.2.2 基础知识

1.河源划分标准及确定。

河源指河流最初具有地表水形态的地方，因此也是全流域海拔最高的地方。径流量较大的河流源头通常发源于山脉中的溪、泉、冰川、沼泽或湖泊等。较小的河流通常发源于丘陵或平原地带的地下含水层附近的泉眼。

确定河源有三大标准：①从长度上看，"河源唯远"；②从流量上看，用"流量唯大"确定河源；③从方向上看，以"与主流方向一致"确定河源。同时满足三个条件是不可能的。一般以"河源唯远"为标准。但由于历史习惯等原因，在确定源头上有争论。有些河流的源头会被重新确定。河源的生态、环境的变迁对河流的影响举足轻重。

青岩河，发源于党武乡白马洞及葫芦井，上游称摆牛河、小黄马河，在青岩镇鬼打爬附近出境，流入惠水县，河长30千米，汇流面积314.5平方千米，年径流量1.37亿立方米，是蒙江的左源。青岩河水经涟江、蒙江经红水河进西江，东流注入南海。

2.分水岭确定的原则。

分水岭，指分隔相邻两个流域的山岭或高地。在自然界中，流域分水岭较多的是山岭、高原。流域分水岭的脊线叫分水线，是相邻流域的界线，一般为分水岭最高点的连线。

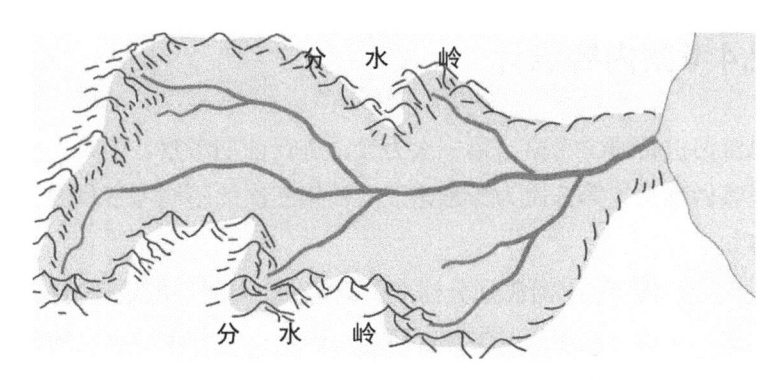

图7-1 分水岭的确定（图片来自人教版高中地理教材）

党武地处青岩河（珠江水系）与松柏山水库（长江水系）的分水区域，本次考察期望能找到长江流域和珠江流域在该地区的具体分水岭。

7.2.3 图件准备

根据考察内容需要，我们准备了考察区域的水文地质图、区域图，相关的景观图片等，以供学生行前学习和考察过程中使用。

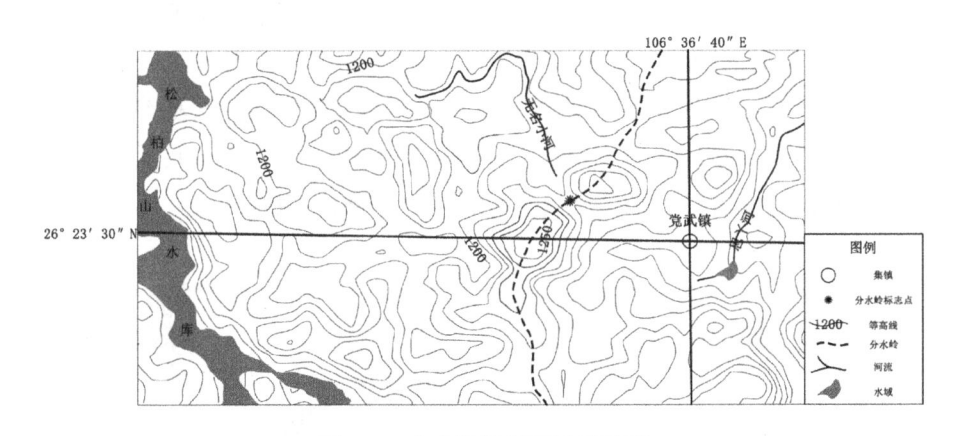

图7-2 分水岭附近地形示意图

7.2.4 考察内容设计

对思雅河进行研学考察，第一次为教师进行前期考察，为第二次带领学生进行考察做准备，第三次为专家论证。根据三次的不同考察目的，设计的考察内容如下：

第一次考察内容：①河源划分标准及确定；②河源一般地理特征（地形、气候、水文、土壤、植被）；③青岩河源头确定；④分水岭确定的原则；⑤寻找长江流域（松柏山水库）与珠江流域（青岩河源头）的分水岭；⑥洛平水利枢纽工程是否沟通了南明河和青岩河两大水系；⑦确定带学生研学时的考察点和考察路线。

第二次考察内容：①人类活动对水源地的影响；②人类活动对河流发源地的影响；③水坝选址与地理环境的关系；④分水岭野外查验。

第三次考察内容：①分水岭的确定；②考察区域论证。

7.2.5 行前培训

行前培训主要针对参与的学生。在带领学生进行野外研学考察前，陈红生校长和金儒成老师于2020年11月24日（星期二）晚上对学生进行安全教育和考察知识等培训，增强学生的安全意识，增加学生的考察基础知识和相关专业知识，更好地做好考察准备工作。同时根据学生特点，共同设计了六个考察内容，并进行相应的分组，指派了专门的指导教师。

图7-3　陈红生老师作基础知识教育（左图）、金儒成老师作安全教育（右图）

7.3 线路调研

对思雅河进行野外研学考察，初期设计进行两次考察。第一次为老师进行考察路线的初步设计、考察点初步确定等；第二次带领学生进行针对性的研学，完成每一个考察目标，撰写考察报告。在进行两次考察后，论证发现该考察线路是一条件优质的考察线路，可设计为研学精品线路，后请到贵州师范大学地理与环境科学学院的专家教授，进行了第三次考察。

7.3.1 教师前期调研（第一次考察）

2020年11月21日晨，金儒成教师工作室联合贵阳市高中地理秦江名师工作室前往贵阳市花溪区党武乡开展"青岩河探源及分水岭考察"活动，该活动旨在为正式带领学生开展考察提前探路，规划相应的路线，力求找到长江流域和珠江流域在该区域的分水岭；在考察中能通过观察、总结、归纳河流源头所在区域的地理环境特征。

活动参加人员有工作室顾问陈红生副校长、王利亚老师，工作室主持人金儒成老师，工作室成员雷显兵、朱鑫、刘成名、敖小龙、罗卫，贵州高中地理秦江名师工作室秦江、王炳福、邓婕予和邹娅玲，特邀贵州师范大学学生潘成艳、贵阳一中胡亚梅老师等。

一、出发前准备

考察活动开始前工作室收集了考察点的相关资料并进行整理，对青岩河的所属辖区概况及其相关水文特征进行官方取证，制定了周密的考察方案并报学校审批通过。在得到学校的同意后举行了此次野外研学考察活动。

二、考察记录

考察点1：葫芦井

11月21日早上十点过抵达党武乡，在党武小学杨校长的介绍和带领下到了预估源头之一的葫芦井，观察了该泉眼的位置和特征。据陈红生校长的讲解和杨校长的介绍，该井实为下降泉（属于潜水的一种），可用于直饮水，且水源稳定具备作为河流源头的基本条件。

图7-4　陈红生老师解说（左图）、葫芦井远景（右图）

考察点2：白马洞

该日十一点十分左右全体考察人员乘车前往摆牛水库（又名金牛湖）。摆牛水库位于摆牛村东南部，在两山丘间距离最窄处修建了水库堤坝。该水库同样也修建了饮用水保护站，水库上方有大片沼泽湿地，据陈红生校长讲解沼泽地主要以泥炭为主，保水性能极好，可涵养水源。在指导老师的带领下，一行人找到了白马洞的具体位置，得知白马洞口的道路地势本是与洞口持平，后因人为活动导致路基被迫抬高五米左右。金儒成等几位老师也进入洞中观察具体情况，后发现该洞出水量已不足以补充摆牛河水源，而沼泽源地植被葱茏，蓄水能力好，陈红生老师认为不断补给摆牛水库的应为另一侧的连绵沼泽湿地。

图7-5　金儒成老师探洞（左图）、摆牛水库景观（右图）

考察点3：新寨后坡

当日下午，稍做休息后全体考察人员启程前往新寨后坡，验证"新寨后坡为珠江流域和长江流域的分水岭"这一猜想。在村民的指引下终于登上坡顶瞭望，同时从与当地居民的聊天中得知确实在青岩河的另一边有一条河流流向与其相反。于是更坚定了最初的猜想长江流域、珠江流域的分水岭在此。

图7-6 后坡卫星影像（左图）、考察团队新寨后坡坡顶集体留影（右图）

三、考察发现

考察中发现：①青岩河源头有二，其一为党武乡的葫芦井，其二为摆牛水库。②在沿途的考察中可以发现，青岩河河流源头的出水量稳定充足，水质也很优良，可用于直饮水，而在河源地也都建立了直饮水保护站。③在更进一步的考察中留意到大江大河河源地多发育于沼泽地，而沼泽地的地理特征主要有以下几点：地层平坦，位于低丘缓坡；沼泽的泥炭蓄水；流域内的植被保护好。④关于分水岭的猜想，此次考察在探源的基础上也使得考察人员对这一猜想更加坚定。

7.3.2 学生研学实践（第二次考察）

为培养学生学科核心素养，让学生走出校园并在野外研学中拓宽视野、丰富知识，2020年11月28日，金儒成教师工作室组织2023届高一（13）班15名学生前往贵阳市花溪区党武镇开展野外研学考察。参与此次野外研学考察的教师有工作室顾问陈红生校长、工作室主持人金儒成老师，工作室成员张国洋、罗家杨、雷显兵、敖小龙、刘成名、王敏、罗卫等老师，特邀贵阳二中罗文攀老师、贵阳37中赵亮老师、贵阳23中胡俊松老师、王丽老师、葛小刃老师等。

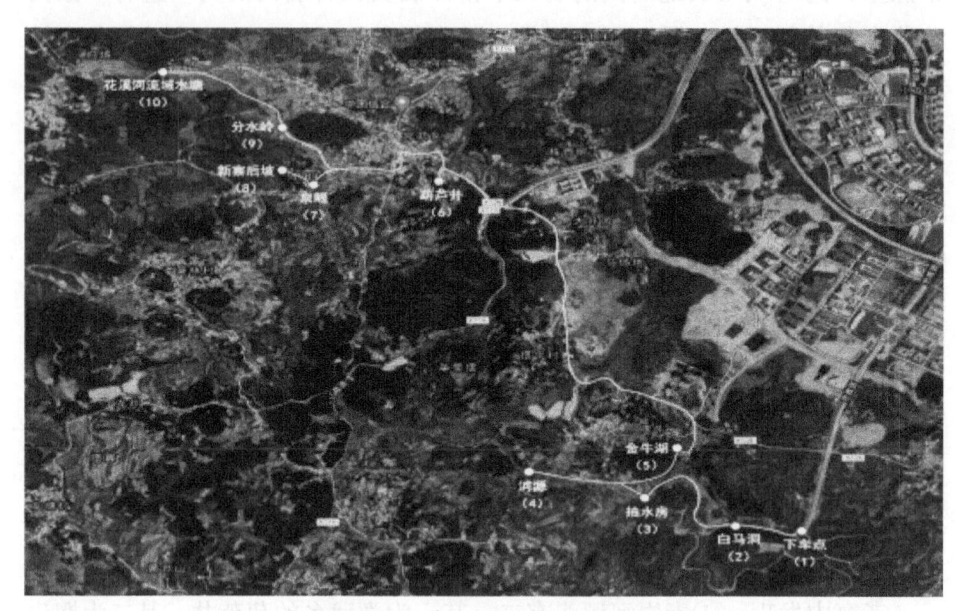

图7-7 行前拟定的考察路线

在进行野外研学考察前，陈红生校长和金儒成教师于11月24日（星期二）晚上对学生进行安全教育和考察知识等培训，增强学生的安全意识，增加学生的考察基础知识和相关专业知识，更好地做好考察准备工作。同时根据学生特点，共同设计了六个考察内容，并进行相应的分组，指派专门的指导教师。具体如下：

第一组考察内容：青岩河与花溪河分水岭考察及确定；学生：王淑静，冉人匀，史子祺；指导教师：罗家杨，雷显兵，王敏。

第二组考察内容：人类活动对摆牛河河源环境影响考察；学生：杨镁琳，蹇欣邑，张哲傲；指导教师：罗卫，张国洋。

第三组考察内容：小黄马河源头水污染及其防治考察；学生：马丹黎，赵青；指导教师：刘成名。

第四组考察内容：水坝选址与地理环境的关系考察；学生：王涵，项瑞欣，黄馨予；指导教师：敖小龙。

第五组考察内容：水库库容与水土流失的关系考察与探讨——以金牛湖为例；学生：陈泫甫，王艺霖；指导教师：陈红生。

第六组考察内容：新寨后坡（山）与小寨后坡（山）确定为分水岭的依据；学生：王淑静，冉人匀，史子祺；指导教师：罗家杨，雷显兵，王敏。

影像记录、统稿：金儒成，冉景超，蹇欣邑。

一、探源思雅河

上午9点30分，野外研学考察小组准时到达下车点，前往考察点2——白马洞。白马洞原为思雅河源头之一，洞口位置本高于地面2-3米，长期有水源补给思雅河。但由于人为原因导致现在地面较原来抬高了5米左右，白马洞水源无法流入金牛湖进而补给思雅河。

图7-8 白马洞洞口（左图）、白马洞洞外建筑垃圾（右图）

随后，研学队伍沿考察路线前往考察点3抽水房，此处可见一片泥炭沼泽湿地，植被葱茏，蓄水条件好，能为思雅河提供稳定补给水源。接着，队伍沿山谷而上，到达考察点4——河源，此处为思雅河上游支流摆牛河源头，地表虽无明显地下水出露，但此处植被覆盖好，蓄水条件好，地下水经农田水渠沿山谷而下，汇入金牛湖。

图7-9 沼泽湿地（左图）、陈校长给大家讲解河源确定依据（右图）

在考察点5金牛湖，陈校长给同学们讲解了水坝选址与地理环境的关系，水坝应选在工程难度小以及地质稳定区域，同时还需要考虑水库周围的岩层走向及岩性。

图7-10 金牛湖（左图）、金牛湖旁水平岩层（右图）

随后，研学队伍乘车前往考察点6——葫芦井。在该处可观察到有稳定水源流入小黄马河（属于思雅河上游支流），且水量比摆牛河大。

图7-11 思雅河（又名思丫河）流域水系示意图

二、确定分水岭

下午，研学队伍沿路线前往考察点10并最终到达松柏山水库，通过沿途对实际水流流向及相关地图的观察，发现分水岭西北侧的水总体向西北方向流动并最终汇入松柏山水库，确定考察点9即分水岭西北侧为长江流域，东南侧为珠江流域，而考察点9为花溪河与青岩河的分水岭，即长江流域与珠江流域分水岭。

图7-12 航拍分水岭（左图）、松柏山水库旁合影（右图）

通过此次野外研学考察活动，发现思雅河源头一为金牛湖，此段支流摆牛河虽流程长但水量小；二为葫芦井，此段支流小黄马河虽流程较短但水量大。同时确定了长江流域与珠江流域分水岭的位置，为后续工作的开展奠定了基础。在此次研学活动中，同学们勤于思考并且积极提问，提升了行动意识和行动能力，同时也激发了热爱家乡、建设家乡的情感。

图7-13　研学队伍合影

7.2.3 分水岭标志设置论证（第三次考察）

贵州省域自西向东沿乌蒙山区——黔中山原——苗岭一线分属长江和珠江两大水系。党武地处长江水系和珠江水系的分水岭地带，花溪区桐木岭——党武一线北西属长江水系，南东属珠江水系。流经该区域的花溪河向东北流入乌江支流清水江最后汇入长江，思雅河向南流入红水河支流涟江最后汇入珠江。在此设立长江与珠江流域分水岭标志，可为开展生态文明建设和水文地理科学普及教育，促进长江珠江上游生态保护，发挥重要作用，并填补贵州以分水岭为主要标志的科普教育基地空白。

一、设置分水岭标志的重要意义

在贵州狠抓大生态建设的背景下，结合国家教育"立德树人"的根本任务以及高中地理实践力的培养需求，在此设立分水岭标志，有着重要的理论与现实意义。

第一，是贵州践行"两山理论"的重要途径。 习近平总书记强调："建设生态文明是中华民族永续发展的千年大计。必须树立和践行绿水青山就是金山银山的理念，坚持资源节约和保护环境的基本国策，像对待生命一样对待生态环境……"。设立长江与珠江流域分水岭标志科普基地，增强居民保护绿水青山的责任感、自豪感和环保意识，是践行"两山理论"和可持续发展理念的重要途径。

第二，是贵州保护"两江生态屏障"的重要依据。贵州位于长江和珠江中上游屏障地带，其生态环境保护事关长江经济带和港珠澳大湾区的社会经济发展。因此，建立长江与珠江流域分水岭标志科普基地，为贵州开展"两江生态屏障"保护工作找到明确依据，是保障长江经济带和港珠澳大湾区社会经济发展的重要基础。

第三，是贵州引导社会参与生态文明建设的重要载体。通过在大江大河分水岭建立标志以促进生态文明教育，是国际通用惯例。目前在贵州境内还未建有两江分水岭的正式标志物。因此，以长江与珠江流域分水岭标志科普基地为载体，普及生态文明教育，增强生态文明意识，引导全社会营造崇尚生态文明的良好氛围，可为生态文明建设提供重要的支撑。

第四，是学校培养学生家国情怀的重要工具。长江与珠江流域分水岭标志科普基地建成后，可为大中小学提供水文地理科普基地和研学实践基地，不仅有助于拓展学生的视野，提升学生的学习兴趣，还有利于对学生开展国情省情教育，培养学生的家国情怀。

二、标志性纪念点的选择说明

1.设立位置：贵安新区党武当阳（26.38°N，106.59°E），海拔1217m，地处长江流域与珠江流域分水岭地带（图7-14）。该区分水岭沿当阳村新寨后坡（山）与小寨后坡（山）的山脊，顶部地形较为平缓（图7-15，图7-16）。

图7-14 建议设置点位置示意

图7-15 建议设置点位置的卫星照片(左图)及航拍景观(右图)

图7-16 分水岭附近地区水文地质示意图

2. 设置依据：党武当阳的新寨后坡（山），海拔为1255m；小寨后坡（山），海拔为1233m。两山头为区内相对最高点，故两山头山脊线为该区域分水岭。分水岭北西属长江流域，南东属珠江流域（图7-16）。通过考察研究，证据如下。

（1）地下径流流向。地下径流是由地下水的补给区向排泄区流动的地下水流。在小黄马河（思雅河支流）上游存在一处下降泉——葫芦井泉点（图7-17），流量0.61m³/s，根据区域水文地质条件，地下水整体流向南东。在旧场村一侧，地势低洼地区有由地下水补给形成的面积较大的水塘，同时在旧场附近发现一口水井（旧场村泉点）（图7-17），流量0.1m³/s，地下水整体流向北部。通过地下径流的流动方向判定新寨后坡（山）与小寨后坡（山）山脊线确定为分水岭。

图7-17 葫芦井泉点（左图）、旧场泉点（右图）

（2）坡面径流流向。根据坡面径流的流动规律，由地势高处流向地势低处，与等高线重合。从等高线地形图上可以看出，新寨后坡（山）一侧坡面径流整体流向南东部，以地表径流和地下径流的形式补给思雅河；小寨后坡（山）一侧坡面径流整体流向北部，以地表径流和地下径流的形式补给花溪河。由此判定新寨后坡（山）和小寨后坡（山）为分水岭。

（3）河流流向。河流径流是地表径流的主要形式，由坡面流和地下径流汇集而成。在水文地质图上可以看出，位于新寨后坡（山）一侧的小黄马河水珠江流域红水河水系，首先注入思雅河，汇入涟江，再汇入红水河，最后汇入珠江；位于小寨后坡（山）一侧的无名小河（没有人类活动前应为小河，现为水塘）通过地下河补给花溪河上游的松柏山水库，属长江流域乌江水系，首先汇入清水江，再汇入乌江，最后汇入长江。

图7-18 分水岭两侧河流

（4）专家确认。该地点的确立得到了贵州师范大学的大力支持和帮助，地环学院的周忠发院长带领水文地质专家到该点也进行了确认和指导（图7-19）。

图7-19 专家现场确认

综上所述，经过实地考察、理论分析和专家确认，最后将新寨后坡（山）和小寨后坡（山）确定为该区域长江与珠江的分水岭。

3.区位优势：该区域位于贵安新区大学城附近的党武，毗邻贵州师范大学、贵州大学、贵州财经大学、贵州城市学院等高等院校，有利于相关专业学生开展野外实习和生态文明教育实践。此外，附近还有贵州师范大学附属高级中学、贵州师范大学附属初级中学、贵阳市溪南高中、贵阳市清华中学等中学，有利于中学生开展野外考察和培养地理实践力。

同时，建议的分水岭标志设置点位于贵安新区党武当阳，距离贵阳市环城高速公路出口较近，交通便利，有公路到达。本区域位于贵安新区大学城附近的党武，距离贵阳市较近，利于贵阳市广大市民和学生前往。

三、设置标志点相关问题建议

1.标志样式。建议使用石材，并在石材上镌刻"长江珠江分水岭"字样。

2.政府支持。标志点要占用一定的土地面积，需要当地政府支持与协调。同时，标志物建成后，需要当地政府的宣传与保护。

3.资金筹措。标志点的设计、制作、安装需要一定的经费支持，希望通过适当的方式进行筹措。

4.标志物的设置单位。建议有省级相关部门参与。

贵州省地理学会

贵州师范大学地理与环境科学学院 喀斯特研究院

贵州师范大学附属中学

2021年3月31日

7.4 精品线路介绍

经过三次实地考察实践后，经过工作室全体成员努力，我们设计出了

《"寻找分水岭 探源青岩河"野外研学考察》精品线路，对该条考察线路的每一个考察点，亦对其知识背景、考察内容等进行了精心设计，以方便参考者使用。

7.4.1 线路介绍

本精品线路，全长约10千米，分为三段（见图7-20）：第一段为到达考察区域后的下车点至上车点，全长约3千米，主要考察珠江上游的思雅河段的河源及人类活动对水库库容的影响等内容；第二段为上车点到葫芦井，全长约3千米，为乘车转移考察区域通行路线；第三段为葫芦井至松柏山水库，全长4千米，主要考察长江上游的南明河河源、地下水发源、当阳石板房、松柏山水库等内容。

图7-20 精品线路分布示意

7.4.2 考察点介绍

在整条地理考察线路中，重点设置了9个考察点，不同的考察点设置不同的重点考察内容，最后构成一个完整的以河流源头考察为主的综合考察线路。下面对重点设置的每一个考察点进行针对性介绍。当然，在每次考察过程中，带队专家和教师可以根据考察目的和考察时的具体情况进行适当增减。

一、白马洞

该地附近岩层以可溶性的碳酸盐岩薄层灰岩为主，在地下水长期的溶蚀作用下形成了典型的喀斯特溶洞——白马洞。据当地人介绍，白马洞之前距地面高2-3米，由此可知该地下溶洞在形成后经历了地壳抬升。

图7-21　白马洞洞口及其附近水平薄层灰岩

国内外对河流正源的确定目前有三种主张：一是河源唯远，即以河流最长者为主流，以距离入海口最远的出水地为源头；二是水量唯大，即以河流水量最大者为主流，对河流补水最多、贡献最大的出水地为源头；三是历史习惯，即尊重人们长期形成的习惯，不轻易变更历史上既定的正源。白马洞为青岩河源头之一，长期有地下水沿裂隙流入洞内，有稳定的补给水源，同时也符合"河源唯远"这一主张。但由于周边房地产开发公司原计划将该地开发成休闲公园，故在此填埋了大量建筑残渣，导致地面较原来抬高了5米左右，白马洞水源现在已无法流入金牛湖进而补给思雅河及青岩河。

二、抽水房

该地长期有地表水和地下水补给，故地表草本植被丰富，植物涵养水源能力好，再加上地势低洼，蓄水条件好，因此该地形成了草本泥炭沼泽，地表常年积水。该地修建了抽水房作为党武镇摆牛村人饮工程，并设立了人饮工程水源保护公告牌，但周围有大面积农田且农田地势均高于该地，可能会导致农业污水汇入泥炭沼泽，进而污染抽水房附近水源，影响居民生活用水质量。

图7-22 草本泥炭沼泽及周边农田（左图）、抽水房附近水源保护公告牌（右图）

河源作为河流源头，在生态平衡、环境等问题上会有牵一发而动全身的效应，因此要特别注意保护河源的生态和环境。由于该地也属于青岩河的河源地，故在该地建设抽水房，利用该地水资源作为摆牛村村民生活用水这一措施是否恰当，值得深思和讨论。如果取水量过大，可能会导致河源地生态破坏，进而影响河流中下游地区生态环境。

三、河源

以"河源唯远"为标准，则河源头应当是白马洞，但是由于工程建设，堵塞白马洞导致其河源基本消失。按照"流量唯大"则稻田湿地为河源，因为这里四季水流不断。河源有地表水河源如泥炭湿地型和高山湖泊型；有地下水河源，地下水又分为潜水型河源和承压水型河源。按照这样的标准该河源属于泥炭湿地型。

图 7-23　河源处的沼泽及农田

湿地的类型多种多样，通常分为自然和人工两大类，人工湿地主要有水稻田、水库、池塘等。该处为水稻田型人工湿地。而泥炭地可分为水藓泥炭地和沼泽泥炭地，这两类泥炭地的主要区别在于泥炭地形成的条件不同。一般来说，仅仅依靠雨水浇灌的植物形成水藓泥炭地，而主要依靠地表水的植物形成沼泽泥炭地。由于泥炭的存在，水下渗慢，所以积水成为河源。

河源的保护措施：①人类活动对其影响，建议不扩张村庄，减少（水田）晒田，减少生态破坏，恢复植被。②减少污染物排放，禁止使用化肥、农药，生活污水集中处理，不能随意排放。

四、金牛湖

金牛湖为人工截留河流积水成湖，建设的大坝为溢洪坝（大坝分为流水坝和溢洪坝）。该大坝为什么会修建在此处呢？一是为节约资金，大坝一般选在峡谷处。水库坝址应选在河谷、山谷地区"口袋形"盆地或洼地处。而该处正好位于两山之间，为一口袋形谷地。二是选择在落差大处。三是考虑地质条件，一般要选在地基坚实的地质构造上。通过考察发现，该地以水平岩层为主，地质条件较稳定。

图7-24　金牛湖溢洪坝

库容变化：工程建设导致湖泊面积减小，金牛湖面积因工程建设减小了三分之一，如图7-25。图7-25中左图的右边部分有建筑废料堆积的垃圾山，右图为拆迁后的残留物。

图7-25　金牛湖周围

水库存在的问题：一是面积缩小（原因有上游来水减少、围湖造田及建渣填埋）；二是污染严重等。解决措施：一要加强宣传，提高居民保护水源地意识；二要对企业采取经济处罚措施，禁止乱倒建筑垃圾；三要生活污水禁止进入湖区等。

五、葫芦井

葫芦井位于党武街道东南部，四周环山，河水由东北部流出。其介于

T_{11}（大冶组）和T_{12}（安顺组）间，位于背斜顶部，海拔在1170～1180m之间。葫芦井为小黄马河的源头，泉水先向西北再向东沿小黄马河注入思雅河，思雅河水注入青岩河，青岩河水经涟江、蒙江经红水河进西江，东流注入南海。小黄马河流量要大于摆牛河，是青岩河源头之一。

图7-26　葫芦井位置

葫芦井地下水类型、富水性及埋深：碳酸盐岩与碎屑岩裂隙溶洞水，水位埋深小于50米，地下径流规模小于3升/秒·平方千米，1981年3月22日测得流量为0.61升/秒。

葫芦井泉水类型：下降泉，由无压含水层（包括潜水和上层滞水）补给的泉。其水流在重力作用下呈下降运动，泉水动态受气象、水文因素影响，有季节性变化。

经济活动：在实地考察时葫芦井的开发利用主要有：①葫芦井上方修有一抽水房，将泉水作为水源为附近居民提供生产生活用水；②葫芦井旁修建小型水库和葫芦井农家乐山庄；③葫芦井旁另建小水塘，养殖有鱼、鸭、鹅等。

图7-27　人类活动对葫芦井的影响

污染状况：实地观察发现，水塘养殖存在水污染问题，农家乐所产生的污水、周边居民的生产生活污水等的排放均可能会影响葫芦井水质。

管理建议：相关部门应加强对葫芦井水质的监测及对其附近污水排放源的监督，对污水处理达标后再排放。加强河源生态环境保护，减少人类活动干扰。抽水房对葫芦井水源的利用应制定相应的计划表，审批通过后执行。

六、当阳泉眼及石板房

目前当阳村虽然大部分民居都已修建为钢筋混凝土楼房，但还保存有部分传统民居——石板房。石板房建材主要为石板和木材。当阳村附近地形以山地为主，植被覆盖度较好，提供了木材来源；党武附近多薄层灰岩，推测石板取自当地薄层灰岩，后经与当地老人访谈验证了该推测。该地由于以前交通不便，从外面运输建材成本较高，加之经济落后，居民收入较低，故传统民居就地取材修建，多采用当地的木材、石板、黄泥等。

与砖、瓦、水泥等相比，石板、木材、黄泥等材料较廉价。不少石板墙上留有曾经用于宣传的标语、图画等，一定程度上反映了当时的历史文化环境，可作为历史依据。但石板易风化碎裂，木材等植物性材料易遭虫蛀，使得石板房耐久性较差，需要专业的工人修补。随着人们经济收入的提高，传统石板房逐渐为钢筋混凝土楼房所取代，留下的石板房由于缺少修缮，已非常破败。

图7-28　当阳石板房及附近薄层灰岩

七、分水岭

分水岭是指分隔相邻两个流域的山岭或高地。在自然界中，分水岭较多的是山岭、高原。分水岭的脊线叫分水线，是相邻流域的界线，一般为分水岭最高点的连线。按形态分为两类：对称和不对称分水岭。对称分水岭的分水线位于分水岭中央，两侧斜坡的坡踩、长度一致。不对称分水岭的分水线偏于分水岭的一侧，两侧斜坡不对称。在自然界中，对称分水岭极为罕见，广泛发育的是不对称分水岭。花溪区党武乡境内，花溪河从西南向东北流去成为长江水系，青岩河向南流去成为珠江水系。由此，花溪区党武乡境内正好是两条河流分水岭。

新寨后坡山位于当阳村一侧，属于珠江流域。小寨后坡山属于旧场村一侧，属于长江水系。在山脊线的两侧，正好是青岩河上游与花溪河上游的分水岭，通过考察，我们找到如下证据：

1.地质构造。在新寨后坡山与小寨后坡山交界处发现由开采岩石露出地表的地质构造，从岩石剖面来看，为背斜构造，一侧为新寨后坡，另一侧为小寨后坡山，根据地下径流流动原理，此处山脊正是分水岭。

2.地下径流。沿着考察路线，在小黄马河（青岩河支流）上游找到了葫芦井，葫芦井作为一个下降泉，水量丰富。沿着考察路线继续前进，到达海拔更高处的当阳村，有一口无名井有稳定的水源流出，而无名井的水正好发源于新寨后坡。沿着考察路线，越过山脊，到达旧场村一侧，在地势低洼地区有由地下水补给形成的面积较大的水塘，也在旧场村附近发现另一无名水井。通过地下径流的流动方向可以判定新寨后坡山与小寨后坡山为分水岭。

图 7-29 新寨后坡山与小寨后坡山之间人鞍部

3.坡面径流。坡面流是径流形成的一个阶段。根据坡面径流的流动规律，由地势高处流向地势地处，与等高线重合。从等高线地形图上可以看出，新寨后坡山一侧坡面径流应以地表径流和地下径流的形式补给青岩河流域，小寨后坡山坡面径流应以地表径流和地下径流的形式补给花溪河流域。由此判定新寨后坡山和小寨后坡山为分水岭。

4.河流径流。河流径流是地表径流的主要形式，由坡面流和地下径流汇集而成。位于新寨后坡山一侧的小黄马河注入青岩河，汇入连江，最后汇入珠江。在水文地质图上可以看出，位于小寨后坡山一侧的无名小河（没有人类活动前应为小河，现为水塘），通过地下河补给花溪河上游的松柏山水库。

八、花溪河流域水塘

在党武村与松柏山水库之间位于南明河流域一侧有连续出现的水塘，由于该区域灰岩广布，喀斯特地貌发育，降水丰富，地表水沿岩层裂隙下渗，地下水较多，而当地又处于山谷，地下水汇集，在谷底汇集形成池塘。由于出露水塘面积较大，周围村民利用其作为鱼塘使用。

图7-30 鱼塘和未经处理的生活污水

鱼塘养殖虽然可以为当地居民带来经济收入，但是养殖过程中投放饵料和使用药物，以及鱼类粪便会导致水体富营养化和污染。而喀斯特地区地下水系复杂，通过水文地质图可以看出，该池塘的水极有可能通过地下暗河汇通到松柏山水库。因此，鱼塘被污染的水也可能扩散到松柏山水库，造成生活水源地水质污染。

在调查过程中还可以看到，因为池塘地势较低，处于沟谷中，两边村民将生活污水未经处理直接排入沟谷之中，极易造成水体污染。同时两边农田所施化肥和农药也有可能汇集至沟谷中，造成污染。

九、松柏山水库

松柏山水库位于贵阳市花溪区党武乡，是长江流域乌江水系南明河上游的第一集中型重要水利工程，和阿哈湖水库、花溪水库共同组成贵阳市头上的"三盆水"，担负着贵阳市的防洪重大任务，也是贵安新区的集中式饮用水源地，同时担负着五万多亩农田的灌溉任务。水库位于花溪区党武乡松柏村，距离花溪区城区20千米，水库流域面积139.14平方千米，入库河流主要有摆古河和甘河，涉及6个乡镇，包含25个行政村。

图 7-31 松柏山水库流域范围示意（商正松，等）

松柏山水库流域出露的地层有泥盆系、石炭系、二叠系、侏罗系、第四系等。出露的岩石有白云岩、石灰岩等。水库坐落在三叠系的薄层、极薄层灰岩上，岩层倾角 0-10°，层理非常发育。水库流域处于低纬度高海拔高原山区，土壤类型多样、种类复杂。根据资料显示，全流域土壤类型有黄壤、石灰土、水稻土、紫色土、潮土和沼泽土等 6 大类。流域内的植被以中热带常绿阔叶林为主，喀斯特区域为常绿阔叶混交林。

据有关研究，松柏山水库一级饮用水源保护区水质达到 II 类水质要求，流域内存在的主要污染有工业污染、城镇生活污染、农业污染、畜禽养殖污染等。

7.5 精品线路研学成果及其应用选编

在带领学生进行研学、考察过程中，指导学生撰写了相关的研学报告，以提升其总结与反思能力地理实践力。高一年级学生完成的研学报告，虽然在质量上相对较低，但体现了该年龄段学生的真实水平（列入本书时仅作"错别字"方面的个别修改）和学生视角的研学思考。此外，该部分内容在试题设计方面也进行了应用。

7.5.1 学生研学报告选编

考察中选择的学生是贵州师范大学附属中学2023届"历史强基班"的部分学生，学生在考察过程中，主动积极，态度端正，围绕考察的过程、结果、感想等写出了自己的考察报告，下面选择一部分进行展示。

一、分水岭的考察确定

作者：王淑静　冉人匀　史子祺

贵州位于中国西南腹地，属长江流域与珠江流域。考察区为贵阳市花溪区党武，雨量充沛，境内地势平缓洼地沟谷较多。此次考察为探寻确定属长江流域的南明河与属珠江流域的涟江分水岭。

分水岭，是指分隔相邻两个流域的山岭或高地。在自然界中，分水岭较多的是山岭、高原。分水岭的脊线叫分水线，即相邻流域的界线，一般为分水岭最高点的连线。按形态分为两类：对称和不对称分水岭。对称分水岭的分水线位于分水岭中央，两侧斜坡的坡踩、长度一致。不对称分水岭的分水线偏于分水岭的一侧，两侧斜坡不对称。在自然界中，对称分水岭极为罕见，广泛发育的是不对称分水岭。

在年轻的褶皱山区，剥蚀作用还没有完全改变原始的山形，不对称的褶皱两翼必然引起分水岭的不对称。在长期剥蚀区，岩性的差别或断层的影响，也常造成分水岭两侧的不对称。山脊线是由高处向低处凸出的部分，是水流的分水岭。

据文献及过往考察,白马洞应为摆牛河源头,但由于人类活动影响造成枯竭,故而我们来到了葫芦井。葫芦井是常年有水的,故而我们这次考察将葫芦井作为思雅河源头之一(另一为小黄马河)。以泉眼为考察起点,向西北行进,缓缓上坡来到新寨后坡与小寨后坡的鞍部,在路边我们看到了山地剖面形态(图7-32)。

图7-32 考察队伍及看到的剖面形态

继续向前走,我们看到了一口泉水旁边有一块碑。当地居民告诉我们,在没有政府集体供水之前,他们的生活用水全来自这口泉,但由于人类活动影响现在水量明显减小。而从该地到松柏山水库的途中我们没有发现地表径流,在附近我们看到了洼地,这往往存在一个落水洞,落到下面这个地下暗河,说明此井的水流就是地下径流。在地下流的就是地下暗河(地下暗河也对地表有侵蚀作用,故而这个地方也就慢慢地凹下去了)。故此地即证明了地下暗河的存在,也为确定新寨后坡为分水岭做了依据基础,从地貌以及地表地下径流的考察过程,以及文字资料记载和概念解释,我们可以确定新寨后坡与小寨后坡为南明河与青岩河的分水岭。

图7-33　路边泉眼

"纸上得来终觉浅，绝知此事要躬行"。在此次考察过程中，我们在白马洞看到干枯的洞口，听着老师的讲述，在大脑里尝试还原着原来流水丰富，人们抬头仰望洞口的场景。走在铺满了工业沙石的土地上，看着人类开发的痕迹和被随手遗弃的垃圾。这些地方原本应该是清澈的涓涓流水，本来应该绿意盎然，可现在代替鱼儿在水上游着的却是塑料袋；只能看到灰色的沙石，只听到不远处工地的修建声响。

站在长江水系珠江水系的分水处，没有想象里的流水声，人类活动后的垃圾让水变得浑浊，水的味道不再让人感到心情愉悦；从奔腾不息的河流，到已然枯竭的坑洞……人类的生活滔滔不绝飞速向前发展进步，可自然消失的速度也越来越快，我们应该去思考在寻求自身更好生活的同时，也要与自然和谐共生，因为我们只是地球生命中的一部分，地球和生态并不是人类所有，它属于在这颗蓝色星球上生存的所有生命。所以保护大自然，合理利用资源，寻求一条可持续发展的绿色生态路线这个过程，不仅仅是保护生态环境而更是在保护我们自己。这次的研学考察不仅仅只是研究分水岭，更是了解自然，用心去体会自然的美好经历。

教师点评：本研究报告所述内容基本达成了考察目的。学生在进行考察前和报告撰写时对分水岭的相关知识内容进行了学习，更好地完成了相关内容的考察。在考察中进行了详细的记录，并进行了展示。考察后对考察的意义进行了内化提升，践行了人地协调观。

二、水库库容与水土流失关系考察——以金牛湖为例

作者：王艺霖　陈泫甫

2020年11月28日上午8：30，"寻找分水岭，探源青岩河"主题野外研学考察正式启程。在贵州师大附中副校长、正高级教师陈红生校长亲自带领下，我组成员实地考察了金牛湖摆牛水库，仔细探究了水库库容与水土流失的关系，取得成果累累。

本次活动中，我们来到了花溪大学城金牛湖公园进行实地考察。但映入眼帘的，却是一山山黄土开发未半，树木屈指可数，断岩层层裸露，与葱青远山不能一谈。陈校长召集我们说："目前金牛湖公园的建设停滞，留下了这片荒土弃地，切记我们今天的任务，仔细观察，认真听讲。且随我向山进发！"

陈校长先锋领队，其余各组紧随其后。很快过土山，入石路。此路坑坑洼洼，全为碎石碎片。两侧有石层，薄片层层叠叠，颜色灰红相间。陈校长介绍："这是石灰岩薄层夹有条带灰岩，顶有薄片灰岩，底有泥质页岩，岩层水平，可以隔水。看来不远便是摆牛河源白马洞了。"

前方不过百步，真有一洞窟侧卧。但是洞口四周植株茂盛有掩盖之势，洞口通路已为大小乱石填充，仅留一口旱枯小窟。壁上虽苔藓丛生，但窟内滴水不存。陈校长解释道："我们教师团队先行来过，多次问过当地农民们，确认这里就是摆牛河源白马洞。而且此地原是水域，水高出洞口几尺，可是现在为建设公园，填水造陆，源头便干涸了。"我们叹惋。

过白马洞，不久到了金牛湖畔。石地转为土地，狭窄湿滑。金牛湖虽为水库，可水量实在太小，纵横不过弹丸之地，纵深之深可以见底。湖的一侧不远处有简陋的小型水坝，无人监管。我们环湖而行，向湖另一侧小心前进。

越是向前进发，植被越是丰茂，泥路越是难行。终于走过岸边小路，一座自动抽水站在湖边轰鸣。站后上游是阡陌农田，有不少成熟的作物。我们不禁疑惑：白马洞水源早已干涸，金牛湖水库奄奄一息，当地人如何靠这摆牛水生活呢？陈校长指向抽水站前，金牛湖边湖面高度的一片郁郁葱葱的湿地沼泽说："白马洞虽陆上被堵，如同扼其咽喉，但它据地利人和。此地前

有岩石断层隔水，后有泥炭沼泽蓄水，还有岸旁植被护水，思雅河水系地下水暗中接济，是四季水源。金牛湖原是两路延伸，现填水造陆也只是填其较小分支，其余经党武乡政府保护，得以留存。"

我们沿田边小路，很快到达对岸，再转向水坝方向前进。

岸边路畔湿润。走近水坝。细看这水坝矮小，砖墙简朴，年久失修，坐落于两山峡谷之间，已是省之又省的简陋工事。岸旁常见垃圾瓶罐，甚至化肥麻袋。看水下并无泄洪水排，水草林立，泥沙石为底。陈校长和我们在此，依据上述实地考察，对水库库容与水土流失的关系进行了探讨，结论如下。

由经一路探查，我们深知水库库容之少绝非一朝所致，一因所祸。首先，金牛湖进行填水造陆开发，烂尾工程遗留沙石堆积，造成陆上河源干涸，水土大量流失。不仅水量减少，而且使得泥沙石大量淤积水底，抬高水库水底，使水库库容降低。其次，金牛湖沼泽湿地旁农田开发过度，上游耕地庄稼一是吸收地下补充水库的地下水，二是用农药化肥，会对水源带来污染，增加水体中微量元素含量，加速水草等水生植物生长，吸收水库中水，水库水位下降，减少库容。最后是居民抽水取水，水库水资源几乎利用已尽，使水土流失，致水库无水，库容减少。

由此可见，人类活动致使水土流失严重，水土流失严重导致水库库容减少。这必将对人类活动产生负面影响。居民用水减少，生活水平下降；农业用水减少，农作物生长受限；水土流失严重，危及整个水系；环境生态破坏，引发连锁反应。我们须居安思危，保护环境，走可持续发展正道，避免恶性循环。

教师点评：本研究报告为该组学生的实地考察报告，可以看出该组学生认真参加了野外考察，认真听取了讲解。虽然报告内容部分偏离了该小组的考察主题，也存在一定的知识性错误，但不能掩盖一组高一新生对地理知识探求的渴望。考察报告更反映了学生在另一主题上的学有所得，培养了地理实践力，形成人地协调观。

三、人类活动对河源环境的影响考察

"君不见，黄河之水天上来。奔流到海不复回"，这是诗仙李白在《将

进酒·君不见》中的借酒放歌，"万里长江横渡，极目楚天舒"，这是一代伟人毛泽东在横渡长江时的壮志豪情，"美丽的蓝色的多瑙河旁。香甜的鲜花吐芳"，这是诗人卡尔·贝克对多瑙河的深情歌颂。古往今来河流与人之间的关系总是那么的密切，人类文明的诞生，工业化的发展，它见证了无数城市的兴起衰落，倾听着无数文人墨客的赞美或诉苦，它是自然馈赠给人类的礼物，但是，随着人类活动的不利影响，它逐渐失去了昔日光彩。

人类对环境的不利影响通常分为环境污染和生态破坏。为具体了解，十一月二十八日，我们来到贵州省贵阳市花溪区党武镇的摆牛河源头，探寻人类活动对当地环境的影响。

从查阅资料得知，摆牛河河源目前认为是河上游金牛湖西南方的白马洞及其西北面的葫芦井。

于是首先我们来到白马洞，如今此地已经看不出其河源特征，经过教师讲解，原来其低丘缓坡的地形由于一年前的人为残留的建筑垃圾堆积导致地表被填高5-6米，洞口无法出水，水源缓慢干涸，所以与过去相比，此处的主要水源地已经移动到了沼泽地周围，整个水源地的实际范围大幅减少。

但是现在，白马洞旁的沼泽地也受到了人类活动影响，我们顺着山间小道一路北上，映入眼帘的是一坎坎梯田和错杂在林间的房屋。得天独厚的地理环境，使得当地的居民在沼泽地的周围开发水田，种植农作物，所需的水源都来自沼泽地里，这也就影响到了摆牛河河源的总水量，同时为了使农作物收成更好，几乎农户都会在水田里使用肥料；肥料一部分被植物吸收，一部分下渗到地下，与沼泽地里所蓄的水混合在一起，长年累月，化肥污染了水源，党武乡村民的用水也受到了影响，长期饮用此类水为居民带来了健康上的危害。就水田的开发来说，居民在种植过程中，需要科学施肥，施量得到严格控制，才会减小对水源地的影响。

顺着金牛湖我们来到摆牛河另一处河源地：葫芦井，这里位于党武镇当阳村，《党武镇河长公示牌》显示该地区河水无污染直排，水域无障碍，河岸无违章建筑等，但该地水库库容却已达不到应有的水量，排水渠显然搁置已久，沿岸可以看出有人类娱乐活动（烧烤、垂钓）等的痕迹，虽已拆除，但大量的塑料垃圾残留给周围环境也带来了白色污染。因此我们认为，提高公民环境意识，树立保护生态意识的任务刻不容缓。唯有思想改变了，行为才会改变。

　　这次考察摆牛河的两处河源，我们小组收获颇多，在人类看来的微不足道的取水、灌溉和为了利益和便利做出的行为对河源地有着极大影响，虽然短期内看不出有什么不同，但长期以来河源地水源减少、河源缩短等现象也渐渐影响了人们的生活。而从葫芦井附近水库拆除人为建筑等类似"退耕还林"意味的行为，也说明了当地意识了对保护河源地的重要性以及采取了相应的措施。

　　纪录片《人类消失后的世界》假想了人类消失后人类文明的消退和自然的回归，但我想，自然的正常回归应该由人类自己做出努力。

　　教师点评：本研究报告贴合该小组的考察主题。学生根据考察主题对两个主要的考察点进行了针对性的考察，并进行了认真思考。考察报告中显示出学生看到该问题的典型性和针对性，是站在学生角度对该问题的直接阐释。从考察报告中看出，学生在参考与察后进行了一定的思考，践行了地理实践力和人地协调观。

7.5.2 考察结果的试题设计应用

　　本精品线路在进行加工后，作为"贵阳市2021年高三适应性监测考试（二）文科综合"的一个试题进行使用，收到了良好的效果。题目呈现为选做题（旅游地理），在对贵阳市高三学生进行考查时，真正考查了学生身边的地理，考查了学生的综合思维、地理实践力等核心素养。现将试题展示如下：

　　[地理——选修3：旅游地理]（10分）

　　研学旅行是研究性学习和旅行体验相结合，学生集体参加的有组织、有计划、有目的的校外参观体验实践活动。位于贵阳市区某高中学校地理教师组织师生团队到30公里外的思雅河源头进行为期一天的研学旅行，研学内容为"河流探源与分水岭考察"。下图示意该次研学旅行线路。经过多次研学实践后该团队认为该地十分适合实施单日研学旅行。

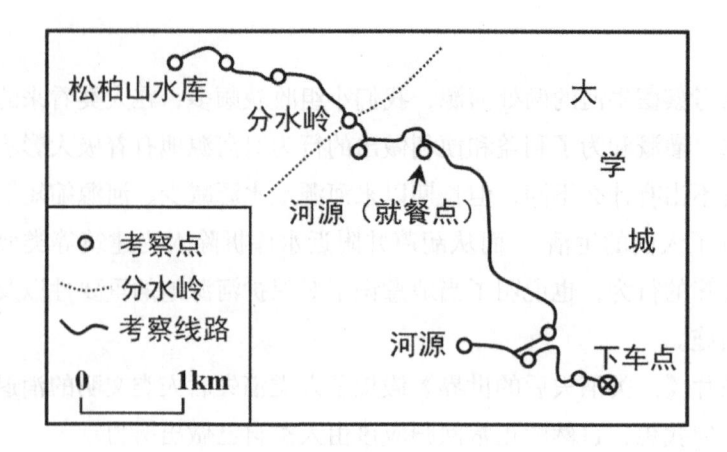

请分析该地适合进行单日研学旅行的原因。

【参考答案】位于省会附近，距离学校所在地较近，乘车容易到达；线路沿线研学案例点交通较为便利，学生容易到达；旅行线路长度适中，利于高中学生进行徒步考察；研学地点较为集中，与地理知识相关性强；就餐点位于研学旅行线路的中点，利于安排旅行活动等。

主要参考文献

[1] 中华人民共和国教育部. 普通高中地理课程标准（2017年版2020年修订）[M]. 北京：人民教育出版社，2020.

[2] 中华人民共和国教育部制定. 普通高中课程方案（2017年版2020年修订）[M]. 北京：人民教育出版社，2020.

[3] 韦志榕，朱翔. 普通高中地理课程标准（2017年版2020年修订）解读[M]. 北京：高等教育出版社，2020.

[4] 金儒成，王利亚，刘海玲. 高中地理试题设计理论与实务[M]. 贵阳：贵州出版集团，贵州人民出版社，2021.

[5]《基础教育课程》编辑部. 四大素养展示高中理课程核心价值：访普通高中地理课程标准修订组负责人朱翔、韦志榕[J]. 基础教育课程，2018，(Z1)：42-45.

[6] 黄振新，李立新. 运用地理信息技术软件辅助地理教学——以LocaSpace Viewer的应用为例[J]. 中学地理教学参考，2018，(22)：42-44.

[7] 段玉山，袁书琪. 研学旅行课程标准（一）[J]. 地理教育，2019，(5)：4-7.

[8] 周银锋. 地理实践力视域下研学旅行学生行为表现评价体系研究[J]. 中学地理教学参考，2019，(3)：46-50.

[9] 白露. 城市山地公园游客感知行为研究——以黔灵山公园为例[D]. 贵阳：贵州师范大学硕士学位论文，2019.

[10] 蔡琴芳，屠玉麟，杨龙，等. 黔灵山的土壤与植物[M]. 贵阳：贵州师范大学学报（丛刊），1989.

[11] 李天杰，赵烨，张科利，等. 土壤地理学[M]. 北京：高等教育出版社，

2004.

[12] 税晓洁. 世界天坑看广西 广西天坑看哪里[J]. 中国国家地理, 2018, (1): 48-67.

[13] 周志毅, 袁金良, 张正华, 等. 贵州寒武纪地层的分类和对比[J]. 地层学杂志, 1980, (4): 273-282.

[14] 宋青春、邱维理、张振春. 地质学基础[M]. 北京: 高等教育出版社, 2005.

[15] 联合国教育、科学及文化组织, 保护世界文化与自然遗产政府间委员会, 世界遗产中心. 实施《世界遗产公约》操作指南[S]. 中国古迹遗址保护协会译. [出版者不详], 2017.

[16] 熊康宁, 肖时珍. 世界遗产与赤水丹霞景观[M]. 北京: 高等教育出版社, 2012.

[17] 高抒, 张捷. 现代地貌学[M]. 北京: 高等教育出版社, 2006.

[18] 刘宇炫, 贾真真, 张开琪. 基于SWOT分析的贵阳市高坡苗族乡乡村旅游发展研究[J]. 农村农村经济与科技, 2020, 31(17): 68-70.

[19] 侯刘起, 李帅. 基于乡土资源的高中学生地理核心素养的培养[J]. 地理教学, 2016, (4): 22-24.

[20] 邱涛. 地方性地理研学旅行基地建设研究[J]. 中学地理教学参考, 2017, (7上): 4-6.

[21] 程菊, 王万燕. 表现性评价设计与实施 ——《普通高中地理课程标准 (2017年版)》评价方式解读[J]. 中学地理教学参考, 2018, (4上): 7-10.

[22] 舒迟. 研学旅行之文化考察课程探索[J]. 中国德育, 2016, (12): 42-44.

[23] 殷世东, 汤碧枝. 研学旅行与学生发展核心素养的提升[J]. 东北师大学报(哲学社会科学版), 2019, 298(2): 155-161.

[24] 林Caroline. 一组梳理的用于气象观测仪器的发展史[EB/OL]. (8年前) [2021-10–10]. https://www.zcool.com.cn/work/ZMzgzNTEwNA%3D%3D.html.

[25] 杨清. 论中学自然地理研学线路的选择与方案的设计 —— 以重庆铜锣山花溪河谷的研学设计为例[J]. 地理教学, 2020, (10): 44-46.

[26] 商正松，孟凡丽，王程程. 松柏山水库污染源调查分析[J]. 环保科技，2019，25（4）：49-52.

[27] 李琳，李玉辉，周洁. 地理研学育人选例研究[J]. 天津师范大学学报（基础教育版），2021，22（4）：79-85.

后记及致谢

在贵州师范大学附属中学的引领和大力支持下，金儒成教师工作室于2019年4月正式成立。在当时成立的15个工作室中，唯独我这个工作室的主持人是80后，当时心理十分忐忑。给我勇气的是我师父陈红生副校长的大力支持和各位兄弟姐妹的鼎力帮助，我才有勇气摸索着和各位兄弟姐妹一起走过这三年的时间，也才有继续做下去的可能。在工作室成立并举行授牌仪式时，工作室顾问和成员一起共十个骨干，后来聘请了一些专家，吸收了一些优秀的有志于提升自己的青年教师，增加了一些临时性的人手（很多老师和研究生只参加了一段时间，这个就无法进行罗列了），才形成了今天的工作室团队：

◆ 顾　　问：陈红生　张玉玲　王利亚　宋　强
◆ 主持人：金儒成
◆ 成　　员：罗家杨　雷显兵　张国洋　刘成名　罗　卫　敖小龙
　　　　　　王　敏　朱　鑫　杨成琴

团队成立之时，在工作室顾问、学校校长书记等校级领导和部分中层领导参加的启动大会上，我们整体思考了我们要做哪些主要的事情，要怎样提升我们自己，可以依靠哪些校内外资源；我们要怎样服务于学校、服务于贵州省与贵阳市高中地理学科的发展。综合考虑下，我们决定主要做四个方面的工作：试题设计，教学示范，课题研究，研学活动。

三年来，工作室也正是朝着这四个方面努力前行。试题设计上，在工作室顾问和主持人的带领下，整个团队成员的地理教师都至少参加了一次以上全国性或贵州省或贵阳市的大型统考命题，个别老师已经参加了十余次，如贵州省普通高考适应性考试、贵阳市高三适应性考试、贵阳市高三入学考试、贵阳市各年级期末统考等命题，试题设计能力得到了全面提升，命题水平得到了肯定，并出版了专著《高中地理试题设计理论与实务》。教学示范上，我工作室团队多次在贵阳市教研、贵州省教研中展示了公开课（示范课），在毕节市公开课活动上展示了三堂精彩的示范课，组织教师到黄平县旧州中学进行支教，承担各市县的示范课和讲座等等，每次均得到了教学与展示对象、研讨和观摩者很高的评价。课题研究上，我工作室近三年来承担了三个省部级课题，分别是金儒成主持的"高考招生制度改革背景下普通高中课程实施对策研究"课题（编号：2019B080）、罗家杨主持的"新课程标准体系下以立德树人为目标的教学实践研究——以地理校本课程为例"课题（编号：2018B232），雷显兵主持的"核心素养背景下的乡土地理研学实践研究"课题（编号：2019C047）。

　　本书主要针对的是"研学活动"这一主要活动专题。近三年来在学校提供的工作室专项经费支持和专家指导下，我们开展了多次地理研学活动，案例地包括贵阳黔灵山、开阳猴耳天坑、花溪思雅河、遵义赤水、贵阳市延安东路商业街、贵阳气象站、花溪高坡等地，每次都精心准备，并组织带领学生参加了研学活动，这也是本书重点展示的内容。经过三年的积累，我们把所做的事情按照活动开展本来的样子结集出版，一是对我们三年研学实践工作的总结，二是展示真正的研学实践的探索和改进过程，三是为工作室、学术团体和普通中学未来开展研学实践提供一个有益的参考。

　　在学校的大力支持和工作室顾问陈红生副校长的大力推动下，稿件得以交付。虽然每次研学活动，我工作室全体成员都分工合作，完成所负责的内容，如资料准备、工作准备、安全教育、考察指导、学生组织、简报撰写、影像收集、学生考察报告修改等，但具体到本书的书稿撰写与修改时，我们进行了一个大致的分工："城市山体公园综合研学——贵阳黔灵山"部分主要由王敏和敖小龙完成撰写和修改，"典型喀斯特景观研学——开阳猴耳天坑"部分主要由刘成名完成撰写、罗卫进行修改，"校际联合研学旅行——遵义赤水"部分由主要由刘成名和王敏撰写、刘成名修改，"绪论"和"参观学习型研学——东山气象站"部分主要由雷显兵和罗卫进行撰写、雷显兵进行修改，"民族文化与区域发展研学——花溪高坡苗族乡"部分主要由罗家杨和金儒成进行撰写、罗家杨进行修改，"身边的社会调查研学——贵阳市延安东路商业街"部分主要由张国洋完成撰写和修改,"精品线路设计——花溪思雅河"部分主要由金儒成等人完成撰写、金儒成进行修改,全书最后由金儒成进行统稿。

三年来,在整个研学实践活动开展的过程中,我们得到了很多单位(部门)的大力支持,本书在撰写和修改过程也得到了各单位的大力支持,在此表示感谢!名单如下(顺序不分先后):

◆贵州师范大学附属中学、地理与环境科学学院、喀斯特研究院;
◆贵阳市教育科学研究所、贵阳市教育局基础教育研究室;
◆贵州省教育科学研究院;
◆贵阳猴耳天坑·极限运动公园有限公司;
◆贵阳市花溪区党武街道办事处;
◆贵阳市高中地理秦江名师工作室;
◆贵阳市高中地理学科教育研究基地;
◆其他所有给予支持和帮助的单位。

三年来,在整个研学实践活动开展的过程中,我们得到了学校领导和很多地理专家的大力支持,得到了家人的大力支持,在此表示感谢!如贵州师范大学附属中学党委书记王丽萍(原校长,语文正高级教师)、校长王晓祥(政治正高级教师)、副校长邓华(历史正高级教师),贵阳市第一中学教师王利亚(地理正高级教师),贵阳市教育科学研究所地理教研员张玉玲(地理高级教师),贵阳市第二中学教师罗文攀(地理正高级教师、贵阳市高中地理学科教育研究基地负责人),贵阳市第六中学教师秦江(地理正高级教师、贵阳市高中地理秦江名师工作室主持人、贵阳市高中地理学科带头人工作站站长),贵阳市第二十四中学书记赵亮(地理高级教师),贵州省教育科学研究院地理教研员宋强(地理高级教师),贵州师范大学地理与环境科学学院、南方喀斯特研究院院长周忠发(教授、博士生导师)、教师何红(副教授),清华大学博士后罗丹阳女士等等。此外,在本书撰写过程中,贵州师范大学2019级学科教学(地理)研究生张毓艳、祝琳、冯崇玉、杨玉银、徐亚等进行了少部分文字的初写和全书的文字校对工作。

最后,我还要用一段文字对我正式拜师的五位导师表示诚挚的谢意!硕士研究生导师梅再美教授带领我走上科学研究的道路,在自然地理学专业上进行不遗余力地指导，并时时处处考虑我边读研、边工作、边结婚买房生孩子的实际情况。教学与管理工作导师陈红生副校长从教学指导、基础教育科研、试题设计、学校管理等方面进行了全方位的指导，对我的进修与发展作了大力的支持，给予我无微不至的关心与照顾。贵阳市百名学科带头人导师赵才欣老师关心我的专业发展，带领我从不同侧面认识地理教育与教学管理。贵州省中小学校长"薪火计划"导师王丽萍书记对我的教育管理进行针对性指导，给我创造了优异的发展平台。博士研究生导师薛东前教授对我教育学专业发展和提升做了大量的指导，并将对我接下来的学习付出大量的心血。还要说的是，导师陈红生副校长去年六月从工作了三十多年的教学与管理岗位上光荣退休、导师梅再美教授去年二月从工作了三十来年的教学与科研岗位上光荣退休，祝两位导师身体健康、退休幸福！

金儒成
壬寅年春于西安雁塔